Nadja Knab-Leers

Wohnglück
selbst genäht

Nähinspirationen für
5 Farb- und Wohnwelten

Küche & Essen

Wohnzimmer

Badezimmer

Schlafzimmer

Home-Office

Nähtechniken

„Zuhause ist es doch am schönsten!" – und mit den Nähanleitungen in diesem Buch sorgen Sie dafür, dass es noch schöner wird!

Die eigenen 4 Wände sind ein Ort der Ruhe und des Glücks in unserer heutigen stressigen Zeit. Umso wichtiger ist es, dass Sie sich mit schönen Dingen umgeben, die Ihnen ein gutes Gefühl vermitteln und an denen Sie sich immer wieder erfreuen können. Besonders gut gelingt das, wenn Sie Wohndekoration selbst nähen und individuell auf Ihre Wohnräume abstimmen.

In diesem Buch nähen Sie sich durch das ganze Haus: Küche, Schlafzimmer, Büro, Badezimmer und Wohnzimmer. Alle Räume sind in ganz unterschiedlichen Farbwelten dekoriert und dienen als Anregung Ihr eigenes Zuhause mutig mit Farbe zu gestalten und dadurch eine wahre Wohlfühloase zu kreieren.

Nehmen Sie sich Zeit, überlegen Sie und erfühlen Sie, welche Stimmung Sie in dem jeweiligen Raum, den Sie gestalten wollen, erzeugen möchten. Der Text zu „Die Kraft der Farben" (siehe Seite 6) bietet Ihnen Orientierung.

Wählen Sie ein Stück Stoff und legen Sie los: Das Wohnglück ist schon ganz nah!

DIE KRAFT DER FARBEN

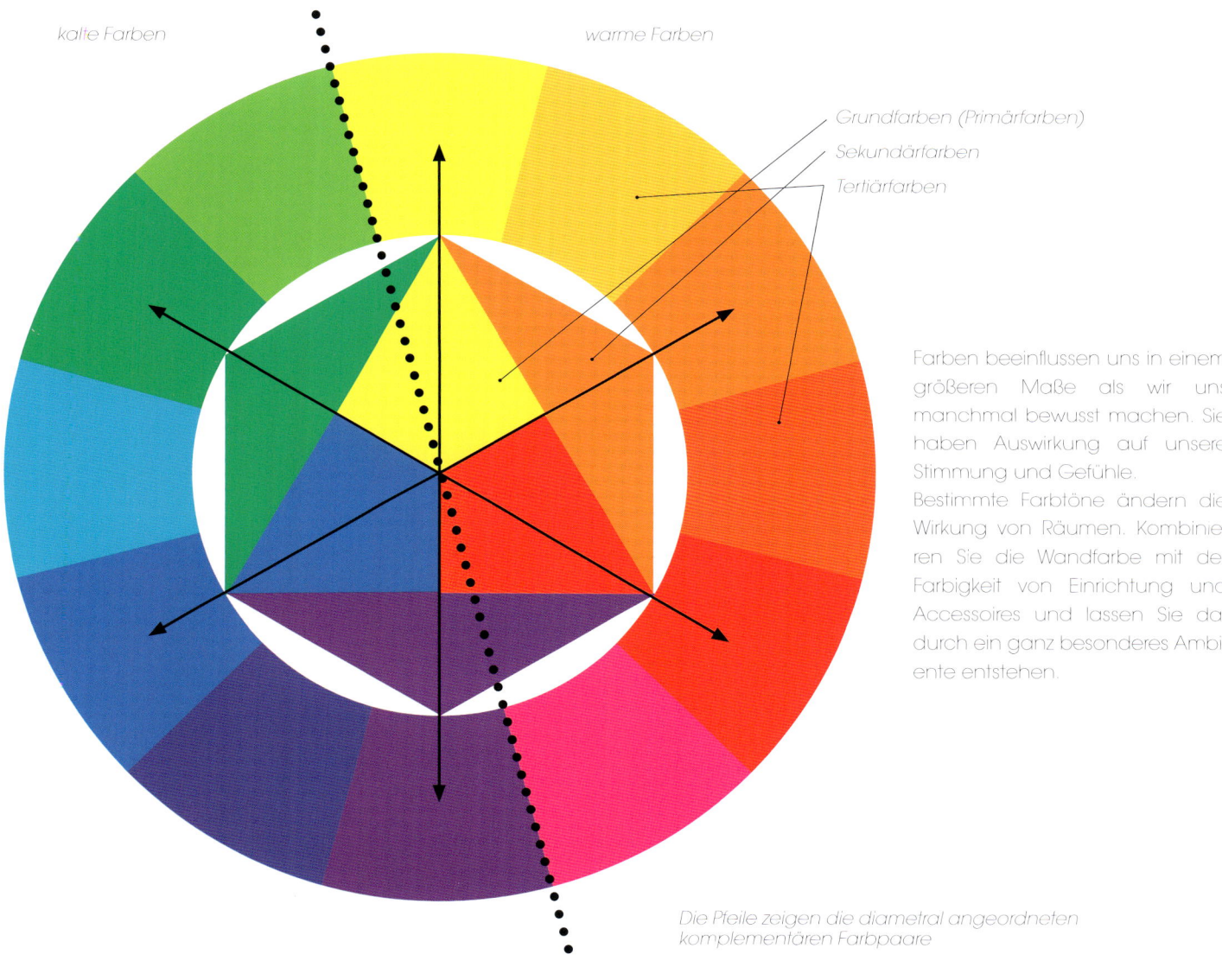

kalte Farben

warme Farben

Grundfarben (Primärfarben)

Sekundärfarben

Tertiärfarben

Farben beeinflussen uns in einem größeren Maße als wir uns manchmal bewusst machen. Sie haben Auswirkung auf unsere Stimmung und Gefühle.
Bestimmte Farbtöne ändern die Wirkung von Räumen. Kombinieren Sie die Wandfarbe mit der Farbigkeit von Einrichtung und Accessoires und lassen Sie dadurch ein ganz besonderes Ambiente entstehen.

Die Pfeile zeigen die diametral angeordneten komplementären Farbpaare

DIE BEDEUTUNG DER FARBEN

Blau ist die Farbe des Himmels und des Wasser. Sie vermittelt Weite und schafft eine ruhige und entspannte Atmosphäre. Helle Blautöne vergrößern den Raum, haben eine frische Wirkung, aber werden als kühl empfunden.

Die Farbe Gelb symbolisiert das Sonnenlicht. Sie verleiht einem Raum eine positive und sonnige Atmosphäre – kleine Räume wirken größer.

Physikalisch ist Weiß die Summe aller Farben – sie symbolisiert Licht und Reinheit. Weiß ist neutral und klassisch, aber wirkt strahlend, freundlich und friedlich. Ein weißer Raum ist stillvoll und klar. In Kombination mit anderen Farben hilft Weiß diese zu beleben.

Gestalten Sie Ihre Räume bunt und bringen Sie Farbe in Ihr Leben!

Grün ist die Farbe der Natur – Sie vermittelt deshalb eine gewisse Ruhe und das Gefühl von Geborgenheit. Ein grüner Raum wirkt vitalisierend und regt die Kreativität an.

Grau ist die Farbe der Neutralität. Sie kann elegant und schlicht wirken, aber birgt auch die Gefahr zu langweilig und blass zu sein.

Rot ist die dynamischste Farbe – sie symbolisiert Liebe und wird mit Feuer und Stärk in Verbindung gebracht. Sie wirkt anregend, aktiviert die Lebenskräfte und hat eine wohltuende, wärmende Wirkung. Rot ist auch appetitanregend, verzichten Sie auf die Farbe in Ihrem Essbereich, falls Sie auf Ihre Linie achten.

Rosa ist die Farbe der Romantik, wird aber auch mit dem Kindlichen und Mädchenhaften assoziiert. In Räumen hat Rosa eine besänftigende Wirkung.

KÜCHE & ESSEN

DIE KÜCHE IST NICHT LEDIGLICH FUNKTIONS- SONDERN VIEL EHER WOHNRAUM: SIE IST OFT DER ORT, AN DEM DIE GANZE FAMILIE ZUSAMMENKOMMT UND DAS BEISAMMENSEIN, ETWA BEIM LAUSCHIGEN SONNTAGSFRÜHSTÜCK, GENIESST. HIER WEHT IHNEN DER DUFT VON FRISCH GEBACKENEM KUCHEN UM DIE NASE, WÄHREND SIE SICH UND EINER LIEBEN FREUNDIN EINE TASSE KAFFEE EINSCHENKEN. OB RUSTIKALE LANDHAUSKÜCHE ODER MODERNE ELEGANZ: KOCHEN SIE IN EINER KÜCHE, DIE GENAUSO APPETITLICH AUSSIEHT, WIE IHR ESSEN SCHMECKT.

Topflappen

— HERZIGER KÜCHENHELFER —

SCHWIERIGKEITSGRAD

GRÖSSE

22 cm x 24 cm

MATERIAL
ROSA TOPFLAPPEN

> Stoff 1: Baumwollstoff
  in Rosa mit Kreisen,
  24 cm x 26 cm

> Stoff 2: Baumwollstoff
  in Rosa mit Blümchen,
  24 cm x 26 cm

> Volumenvlies H640,
  22 cm x 26 cm

> Vlieseline G 700,
  24 cm x 26 cm

> Baumwollband in
  Rosa gemustert,
  15 mm breit, 20 cm

WEISSER TOPFLAPPEN

> Stoff 1: Baumwollstoff in
  Weiß mit Rosenmuster,
  24 cm x 26 cm

> Stoff 2: Baumwollstoff in
  Weiß/Rosa mit Kreisen,
  24 cm x 26 cm

> Volumenvlies H640,
  22 cm x 26 cm

> Vlieseline G 700,
  24 cm x 26 cm

> Baumwollband in
  Weiß/Rosa gemustert,
  15 mm breit, 20 cm

> Ripsband in Rosa,
  15 mm breit, ca. 8 cm

> Textilstift in Pink

> Buchstabenschablone,
  Buchstabengröße max.
  15 mm

VORLAGE

Seite 108

NAHTZUGABEN

Wenn nicht anders an-
gegeben, ist 1 cm NZG
für den Zuschnitt bereits
enthalten.

ZUSCHNITT
Stoff 1

> 2x Vorderteil „Herz"
  nach Vorlage

> 2x Rückenteil „Herz"
  nach Vorlage

Volumenvlies

> 1x Vorderteil „Herz"
  nach Vorlage

Vlieseline

> 2x Rückenteil „Herz"
  nach Vorlage

Rosa Topflappen

Volumenvlies von links auf ein Vorderteil und Vlieseline jeweils von links auf die Rückenteile bügeln. Die Rückenteile jeweils l-a-l auf die Hälfte bügeln und passgenau r-a-r so auf das Vorderteil stecken, dass die Bruchkanten der Rückenteile aneinandersto-ßen und zusammen ein Herz ergeben.

Das Baumwollband l-a-l auf die Hälfte legen und die Enden in der Herzmitte zwischen Vorder- und Rückenteil feststecken. Dabei zeigt die Schlaufe nach innen.

Das zweite Vorderteil r-a-r auf die Rückenteile stecken und die Außenkanten rundum 1 cm breit absteppen, dabei das Band mitfassen. An einer geraden Kante 8 cm zum Wenden offen lassen. Die NZG zurückschneiden (in den Außenrundungen kleine Dreiecke herausschneiden). Das Herz wenden, die Kanten ausbügeln und die Wendeöffnung von Hand schließen.

Weißer Topflappen

Den Topflappen auf die gleiche Weise wie den rosa Topflappen arbeiten.

Zusätzlich mit Textilstift mittig auf das Ripsband mithilfe der Buchstabenschablone „HOT" schreiben und die Farbe durch Bügeln fixieren.

Die Bandenden jeweils nach links einschlagen und von Hand rechts oben auf das Herz aufnähen.

Tischsets

— TISCHLEIN DECK DICH —

SCHWIERIGKEITSGRAD

GRÖSSE

35 cm x 39 cm

MATERIAL

TISCHSET MIT WEISSEN TASCHEN

> Stoff 1: Baumwollstoff in Rosa mit Gittermuster, 37 cm x 41 cm

> Stoff 2: Baumwollstoff in Weiß/Rosa mit Medaillons, 17 cm x 22 cm

> Stoff 3: Baumwollstoff in Weiß/Rosa mit Blümchen, 12 cm x 22 cm

> Volumenvlies H 640, 37 cm x 41 cm

> Vlieseline G 700, 17 cm x 44 cm

> Flechtband in Rosa, 6 mm breit, 22 cm

> Knopf in Grün mit Punkten, ø 15 mm

TISCHSET MIT ROSA TASCHEN

> Stoff 1: Baumwollstoff in Rosa mit Kreisen, 37 cm x 41 cm

> Stoff 2: Baumwollstoff in Rosa mit Punkten, 17 cm x 22 cm

> Stoff 3: Baumwollstoff in Rosa mit Blümchen, 12 cm x 22 cm

> Volumenvlies H 640, 37 cm x 41 cm

> Vlieseline G 700, 17 cm x 44 cm

> Flechtband in Rosa, 6 mm breit, 22 cm

> Knopf in Blau mit Punkten, ø 15 mm

VORLAGE

Seite 109

NAHTZUGABEN

Wenn nicht anders angegeben, ist
1 cm NZG für den Zuschnitt bereits
enthalten.

ZUSCHNITT

Stoff 1

> 2x Haus nach Vorlage
> (Ober- und Unterteil)

Stoff 2

> 1x Bestecktasche („Tür"),
> 17 cm x 22 cm

Stoff 3

> 1x Serviettentasche („Fenster"),
> 12 cm x 22 cm

Volumenvlies

> 1x Haus nach Vorlage

Vlieseline

> 1x Bestecktasche („Tür"),
> 17 cm x 22 cm

> 1x Serviettentasche („Fenster"),
> 12 cm x 22 cm

Anleitung

Volumenvlies von links auf das Oberteil
des Hauses und Vlieseline jeweils von
links auf die Taschen aufbügeln.

Für die Taschen die Schmalkanten jeweils
r-a-r aufeinanderlegen und auf die Hälfte
bügeln. Offene Kanten zusammennähen,
dabei 6 cm zum Wenden offen lassen.
Die NZG zurückschneiden. Die Taschen
wenden, Nahtkanten ausbügeln und die
Wendeöffnung von Hand schließen.

Bei der Bestecktasche das Flechtband
mittig, bei der Serviettentasche mit 2 cm
Abstand zum Eingriff aufsteppen, dabei
die Bandenden jeweils 1 cm überstehen
lassen.

Das Ober- und Unterteil des Hauses r-a-r
aufeinanderstecken. Offene Kanten
rundum zusammennähen, dabei an einer geraden Kante ca. 10 cm zum Wenden offen lassen. Die NZG zurückschneiden, Set wenden, die Nahtkanten ausbügeln und die Wendeöffnung von Hand
schließen.

Die Taschen gemäß Vorlage positionie-
ren, aufstecken und knappkantig aufsteppen. Dabei die Bandenden jeweils
nach innen einschlagen und den Eingriff
aussparen. Die Bestecktasche mittig in
der Senkrechten durchsteppen. Den
Knopf als „Türgriff" an der rechten Außenkante von Hand annähen.

Servietten

— EINE RUNDE SACHE —

SCHWIERIGKEITSGRAD

GRÖSSE

ø 40 cm

MATERIAL

> Stoff 1: Baumwollstoff in Weiß/Rosa mit Medaillons oder in Weiß/Rosa mit Mäandermuster, 40 cm x 40 cm

> Stoff 2: Baumwollstoff in Rosa mit Schmetterlingsmotiv, Rest für 2 symmetrische und identische Schmetterlinge

> Applikationsfolie, Rest

> Flechtband in Rosa, 6 mm breit, 130 cm

> HT2 Textilkleber

ZUSCHNITT

Stoff 1

> 1x Kreis, ø 40 cm

Stoff 2

> 2x Schmetterling im Quadrat

Applikationsfolie

> 2x Schmetterling im Quadrat

Anleitung

Den Stoffkreis rundum versäubern. Das Flechtband von rechts entlang der Versäuberungskante feststeppen. Anfang und Ende des Flechtbandes mit Textilkleber fixieren und die Bandenden übereinandersteppen.

Schmetterlinge passgenau l-a-l so übereinanderlegen, dass die Motive identisch sind. Applikationsfolie dazwischenlegen, Motiv aufeinanderbügeln und an den Konturen ausschneiden. Die Konturen knappkantig absteppen und den Schmetterling von Hand oder mit der Maschine über dem Bandende auf der Serviette fixieren.

Untersetzer

— WASSERRAND ADÉ —

SCHWIERIGKEITSGRAD

GRÖSSE

ø 11 cm

MATERIAL

> Stoff 1: Baumwollstoff in
> Weiß/Rosa mit Rosen-
> muster, 11 cm x 11 cm

> Stoff 2: Baumwollstoff in
> Rosa mit Medaillons oder
> in Rosa mit Blümchen,
> 11 cm x 11 cm

> Volumenvlies HH 650,
> 11 cm x 11 cm

> Stickvlies (Ultra Stable),
> 11 cm x 11 cm

> Flechtband in Rosa,
> 6 mm breit, 50 cm

ZUSCHNITT

Stoff 1

> 1x Oberteil, ø 11 cm

Stoff 2

> 1x Unterteil, ø 11 cm

Volumenvlies

> 1x Oberteil ø 11 cm

Stickvlies

> 1x Unterteil, ø 11 cm

Anleitung

Stickvlies von links auf das Unterteil bügeln. Ober- und Unterteil l-a-l aufeinanderlegen und das Volumenvlies dazwischen. Dann alles bügeln. Die Außenkante rundum zusammen versäubern.

Das Flechtband rundum über die Versäuberungskante auf das Oberteil steppen, dabei am Anfang und Ende jeweils 7 cm Band überstehen lassen.

Die Bandenden jeweils verknoten und mit einem doppelten Knoten verschließen.

SCHWIERIGKEITSGRAD

GRÖSSE

58 cm x 30 cm

MATERIAL

> Stoff 1: Baumwollstoff in
  Rosa mit Gittermuster,
  30 cm x 62 cm

> Stoff 2: Baumwollstoff in
  Weiß/Rosa mit Mäander-
  muster, 17 cm x 92 cm

> Stoff 3: Baumwollstoff in
  Weiß/Rosa mit Kreisen,
  40 cm x 62 cm

> Stoff 4: Baumwollstoff in
  Weiß/Rosa mit Schmetter-
  lingen, 22 cm x 17 cm

> Samtband in Rosa,
  9 mm breit, 140 cm

> Baumwollband
  in Rosa gemustert,
  15 mm breit, 124 cm

> Gummilitze, 0,85 cm breit,
  90 cm

> Knopf in Blau mit Punkten,
  ø 23 mm

Tütensammler

— GUT EINGETÜTET —

NAHTZUGABEN

Wenn nicht anders angegeben, ist 1 cm NZG für den Zuschnitt bereits enthalten.

ZUSCHNITT

Stoff 1

> 1x Mittelteil 1,
> 30 cm x 62 cm

Stoff 2

> 1x Mittelteil 2,
> 17 cm x 62 cm

> 2x Bindeband,
> 30 cm x 7 cm

Stoff 3

> 2x Ober- und Unterteil,
> 20 cm x 62 cm

Stoff 4

> 1x Applikation „Tüte",
> 22 cm x 17 cm

HINWEIS
Beim Zuschnitt der Applikation beachten, dass ein Schmetterling mittig auf der „Tüte" ist.

Anleitung

Für die Bindebänder jeweils an einer Schmalkante die NZG nach links bügeln. Die Bänder je der Länge nach l-a-l auf die Hälfte bügeln, aufklappen, beide Längskanten zur Mitte und danach die Bruchkanten aufeinanderbügeln. Die Bänder jeweils rundum knappkantig absteppen, offene Schmalkanten versäubern.

Die NZG von Mittelteil 2 jeweils an den Längskanten nach links bügeln, Mittelteil 2 mittig auf Mittelteil 1 stecken und knappkantig an der Ober- und Unterkante aufsteppen. Samtband jeweils zweimal knappkantig an der Nahtkante aufsteppen.

Das Ober- bzw. Unterteil jeweils r-a-r an den Längskanten von Mittelteil 1 feststecken und absteppen. Die NZG zusammen versäubern und die Nähte ausbügeln.

Baumwollband entlang der Nahtkanten zweimal knappkantig aufsteppen.

Für die Applikation die Schmalkanten r-a-r aufeinanderlegen und zur Hälfte bügeln. Die offenen Längskanten zusammennähen. Die NZG zurückschneiden. Die „Tüte" wenden und ausbügeln. Die Schmalkanten jeweils zusammen versäubern und die NZG nach links einbügeln.

Für die Taschenfalten jeweils mit 4 cm Abstand zu den Schmalkanten einen Faltenumbruch markieren. Markierungslinie bündig auf die Außenkante legen und die Falten einbügeln.

Für cen „Henkel" 10 cm Samtband zur Schlaufe legen und an der oberen Taschenkante mit einem Abstand von 3,5 cm zueinander so feststeppen, dass die Enden innen liegen.

Die „Tüte" mit eingelegten Falten mittig auf Mittelteil 2 stecken und zunächst die Längskanten, dann die untere Kante knappkantig feststeppen, dabei die Falten fixieren. Den Knopf als „Haken" von Hand über den „Henkel" nähen.

Die Längskanten des Tütensammlers jeweils versäubern, r-a-r aufeinanderstecken und zum Schlauch zusammennähen. Dabei an beiden Enden mit einem Abstand von 1,5 cm zur Schnittkante einen 1,5 cm breiten Schlitz für den Tunnelzug offen lassen.

Für den Tunnelzug die obere und untere offene Kante jeweils zweimal 1,5 cm breit nach innen bügeln. Die Bindebänder jeweils gegenüberliegend von links an der oberen Saumkante feststecken. Die Saumkante knappkantig absteppen, dabei die Bindebänder mitfassen. Zusätzlich an der oberen Bruchkante knappkantig absteppen.

Das Gummiband halbieren und jeweils mit einer Einziehhilfe in den oberen bzw. unteren Tunnelzug einziehen. Die Öffnung zusammenziehen und die Gummienden verknoten oder übereinandersteppen. Überstand abschneiden.

Schlaufenvorhang

— STYLE YOUR WINDOW —

SCHWIERIGKEITSGRAD

GRÖSSE

256 cm x 142 cm
(passend für eine Decken-
höhe von 300 cm)
Vorhang geeignet für ein
Stangensystem

MATERIAL

> Stoff 1: Baumwollstoff in
  Rosa mit Rosenmuster,
  268 cm x 145 cm

> Stoff 2: Baumwollstoff in
  Rosa mit Mäandermuster,
  70 cm x 145 cm

NAHTZUGABEN

Wenn nicht anders ange-
geben, ist 1 cm NZG für den
Zuschnitt bereits enthalten.

ZUSCHNITT

Stoff 1

> 1x Vorderteil,
  268 cm x 145 cm

Stoff 2

> 1x Rückenteil,
  51 cm x 145 cm

> 1x Band, 145 cm x 18 cm

Anleitung

Für das Band und die Schlaufe das Stoff-band der Länge nach l-a-l auf die Hälfte bügeln. An einer Schmalkante das Ende im 45°-Winkel abschrägen, das Band zu-sammenstecken und die offenen Kanten schließen, dabei die gerade Schmal-kante offen lassen. Die NZG zurück-schneiden, das Band wenden und die Nahtkanten ausbügeln. Am offenen En-de des Bandes 26 cm für die Schlaufe abschneiden.

Für den Vorhang das Rückenteil an der unteren Längskante versäubern oder zweimal 1 cm breit nach links einbügeln und absteppen.

Die Schmalkanten der Schlaufe jeweils aufeinanderlegen und mit der offenen Kante mit einem Abstand von 1,5 cm zur Längskante auf die Schmalkante des Vorderteils stecken. Die Schlaufe zeigt dabei nach unten. Das Band auf der anderen Seite ebenfalls mit einem Ab-stand von 1,5 cm zur Längskante auf die Schmalkante des Vorderteils stecken.

Das Rückenteil r-a-r auf die Schmalkante des Vorderteils legen, feststecken und 1,5 cm breit absteppen. Dabei die Schlaufe und das Band mitfassen. Die NZG zurückschneiden, das Rückenteil auf rechts drehen und die Nahtkanten ausbügeln.

Die Längskanten des Vorderteils jeweils 1,5 cm breit einbügen (sie müssen nicht versäubert werden, da die Schnittkante die Webkante ist) und knappkantig ab-steppen. Dabei fortlaufend den oberen gefütterten Teil (Rückenteil) 1,5 cm breit absteppen.

Den Saum an der ofenen Schmalkante des Vorderteils zunächst 1 cm, dann 10 cm breit nach innen bügeln und knappkantig absteppen.

An einer Seite die Schlaufe auf die Vor-hangstange ziehen, am anderen Ende das Band an der Stange festknoten.

WOHN-ZIMMER

DAS WOHNZIMMER IST DER MITTELPUNKT UND DAS KERNSTÜCK EINER WOHNUNG — ES IST GLEICHZEITIG KUSCHELECKE, LESEZIMMER, TREFFPUNKT DER FAMILIE UND EMPFANGS-RAUM. VERWANDELN SIE ES DESHALB IN EINEN ORT, AN DEM MAN SICH GERN AUFHÄLT! ES SOLLTE INDIVIDUELL NACH IHREN EIGENEN BEDÜRFNISSEN UND VORLIEBEN GESTALTET UND EINGERICHTET SEIN. LASSEN SIE IHRER KREATIVITÄT FREIEN LAUF — IHR WOHNZIMMER DARF DAS WESEN IHRES HEIMS WIEDER-SPIEGELN. HIER SOLLEN SIE SICH WOHLFÜHLEN.

Tischhusse

— DIE VERPACKUNG MACHT ES ... —

SCHWIERIGKEITSGRAD

GRÖSSE

H 76 cm x 30 cm x 30 cm

MATERIAL

> Stoff 1: Baumwollstoff
  in Grau mit Rauten,
  84 cm x 129 cm

> Stoff 2: Baumwollstoff
  in Grau mit Blümchen,
  32 cm x 108 cm

> Stoff 3: Baumwollstoff
  in Grau mit Streifen,
  122 cm x 100 cm

> Vlieseline G 700,
  51 cm x 90 cm

NAHTZUGABEN

Wenn nicht anders ange-
geben, ist 1 cm NZG für den
Zuschnitt bereits enthalten.
Beim Unterteil sind in der Breite 4 cm und in der Länge
1 cm NZG sowie 7 cm Saum-
zugabe für den Zuschnitt
enthalten.

ZUSCHNITT

Stoff 1

> 1x Unterteil, 84 cm x 129 cm

Stoff 2

> 1x Oberteil, 32 cm x 32 cm

> 4x Laschen, 30 cm x 19 cm

Stoff 3

> 2x Schärpe,
  122 cm x 50 cm

Vlieseline

> 1x Oberteil, 32 cm x 32 cm

> 4x Laschen, 30 cm x 19 cm

HINWEIS

Der Materialverbrauch ist von
der jeweiligen Tischgröße abhängig. Es gilt: Länge x Umfang x Tisch-
platte plus Naht- und Saumzugaben.
Und je kleiner der Tisch, desto
kleiner die Laschen und die
Schärpe.

Anleitung

Alle Vlieselineteile von links auf die entsprechenden Stoffteile
aufbügeln.

Für die Laschen die Schmalkanten jeweils r-a-r zur Hälfte übereinanderlegen und bügeln. Die Seitenkanten zusammennähen, NZG zurückschneiden, Laschen wenden und die Kanten
ausbügeln.

Für das Unterteil den Saum an der unteren Längskante zunächst 1 cm, dann 6 cm nach links einbügeln. Für die Seitenteile die obere Längskante vierteln, dabei jeweils die NZG
(2 cm) am Anfang und Ende aussparen.

Die Laschen jeweils mit der offenen Kante nach oben r-a-r
mittig an je ein Viertel stecken.

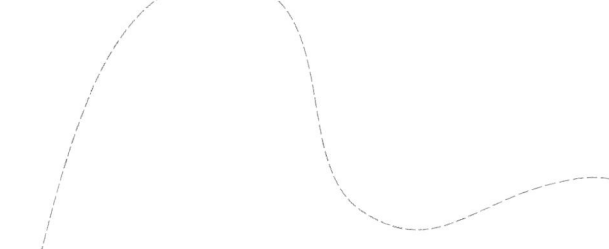

Das Oberteil r-a-r entlang der oberen Längskante des Unterteils feststecken, dabei am Anfang und Ende jeweils 2 cm NZG stehen lassen, zusammennähen und dabei die Laschen mitfassen. Beim Zusammennähen an den Ecken jeweils die Nadel im Stoff stecken lassen, Füßchen hochheben, die NZG mit spitzer Schere bis kurz vor der Nadel einschneiden, Husse unter der Maschine drehen, Füßchen absenken und bis zur nächsten Ecke weiternähen.

Die Seitennaht r-a-r zusammenstecken und die Naht 2 cm breit zusammennähen. Dabei in Nahttiefe beginnen und den vorgebügelten Saum an der Unterkante aufklappen. NZG zunächst an der Seitennaht, dann an den Oberkanten zusammen versäubern und Nähte ausbügeln.

Vorgebügelten Saum nach links umklappen, feststecken und rundum knappkantig absteppen. Die Husse über den Tisch ziehen.

Für die Schärpe die beiden Stoffstreifen an einer Schmalkante r-a-r zusammenstecken, absteppen und die NZG auseinanderbügeln. Die Schärpe der Länge nach r-a-r zur Hälfte aufeinanderlegen, bügeln, feststecken und rundum zusammennähen. Dabei an der Längskante ca. 10 cm zum Wenden offen lassen.

Die Schärpe wenden, Nähte ausbügeln und die Wendeöffnung von Hand schließen. Die Schärpe durch die Laschen fädeln und an einer Ecke locker verknoten.

Sofakissen

—GEMÜTLICHE KUSCHELECKE—

SCHWIERIGKEITSGRAD

GRÖSSE

50 cm x 50 cm

MATERIAL

> Stoff 1: Baumwollstoff
  in Grau mit Sternen,
  120 cm x 140 cm

> Stoff 2: Baumwollstoff in
  Weiß/Grau mit Wellen,
  60 cm x 60 cm

> Stoff 3: Baumwollstoff
  in Grau mit Blumen,
  12 cm x 120 cm

> Clover-Schablone
  für Rüschenblumen,
  Größe M

NAHTZUGABEN

Wenn nicht anders ange-
geben, ist 1 cm NZG für den
Zuschnitt bereits enthalten.

ZUSCHNITT

Stoff 1

> 1x Kissenhülle, 52 x 124 cm

> 1x Kreis, ø 60 cm

> 1x Streifen, 140 cm x 6 cm

Stoff 2

> 1x Kreis, ø 60 cm

Stoff 3

> ca. 10 Quadrate,
  12 cm x 12 cm

Anleitung

Die Kissenhülle an den Schmalkanten je zweimal 1 cm nach links einbügeln und knappkantig absteppen.

Beide Kreise (Stoff 1 und Stoff 2) r-a-r aufeinanderstecken, rundum 1 cm breit zusammennähen, dabei ca. 10 cm zum Wenden offen lassen. Die NZG rundum zurückschneiden bzw. kleine Dreiecke daraus ausschneiden.

Kreis wenden, Naht ausbügeln und Wendeöffnung bis auf 2 cm schließen. Für den Tunnelzug 2 cm breit an der Außenkante des Kreises absteppen.

Für das Bindeband den Stoffstreifen der Länge nach l-a-l zur Hälfte bügeln, aufklappen, beidseitig die Längskanten zur Mittellinie bügeln und nochmals die Längskanten aufeinanderbügeln. Die Enden abschrägen und die NZG nach links einbügeln. Bindeband rundum knappkantig absteppen.

Eine Kreisschablone von ø 30 cm herstellen. Schablone mittig auf den genähten Kreis (Sternenseite oben) legen und den Umfang anzeichnen. Den Stoffkreis mittig auf der Kissenhülle platzieren, feststecken und entlang der Markierungslinie aufsteppen. Dabei darauf achten, dass die Öffnung für den Tunnelzug zur Seite zeigt.

Danach die Schmalkanten der Kissenhülle r-a-r so übereinanderschlagen, dass ein 50 cm x 52 cm großes Quadrat entsteht. Die offenen Kanten aufeinanderstecken und zusammennähen. Die Kanten versäubern und die Hülle wenden. Die Nähte ausbügeln.

Bindeband mit einer Einziehhilfe durch den Tunnelzug des Kreises ziehen, Kreisüberstand zusammenziehen, sodass ein Ring entsteht, und die Enden zur Schleife binden. Dabei sollte die Schleife zur Seite zeigen.

Für die Blume mit den quadratischen Blütenblättern nach Herstelleranleitung der Clover-Schablone eine Rüschenblume anfertigen und neben der Schleife von Hand auf das Kissen nähen.

Lampenschirmhülle

— SANFTES LICHTSPIEL —

SCHWIERIGKEITSGRAD

GRÖSSE

H 26 cm x ø 35 cm

MATERIAL

FÜR DIE 2-TEILIGE SCHABLONE

> Seidenpapier,
> 50 cm x 130 cm

FÜR DIE LAMPENSCHIRMHÜLLE

> Stoff 1: Baumwollstoff in
> Grau mit bunten Blumen,
> 21 cm x 110 cm

> Stoff 2: Baumwollstoff in
> Grau, 11 cm x 120 cm

> Futterstoff: Baumwollstoff in
> Grau oder Grau gemustert,
> 30 cm x 120 cm

> Volumenvlies HH650,
> 30 cm x 120 cm

> Samtband in Rot,
> 9 mm breit, 110 cm

> Samtband in Grau,
> 9 mm breit, 210 cm

NAHTZUGABEN

Beim Oberteil an der unteren
Schnittkante, beim Unterteil
an der oberen Schnittkante
jeweils 1 cm NZG hinzufügen.

ZUSCHNITT

Stoff 1

> 1x Oberteil gemäß der
> Schablone

Stoff 2

> 1x Unterteil gemäß der
> Schablone

Futterstoff

> 1x Ober- und Unterteil
> gemäß der Schablone am
> Stück

Volumenvlies

> 1x Ober- und Unterteil
> gemäß der Schablone am
> Stück

HINWEIS
Der Materialverbrauch
ist von der jeweiligen
Schirmgröße abhängig. Es
gilt: Höhe x Umfang
plus NZG.

Anleitung

Schablone zuschneiden

Für das Schablonen-Oberteil den Lampenschirm mit Seidenpa-
pier umwickeln, die obere und untere Kante markieren und den
Anfang bzw. das Ende mit einer senkrechten Linie einzeichnen.
Papier abnehmen und am Anfang bzw. Ende je 1,5 cm dazu-
geben.

Für das Schablonen-Unterteil parallel zur unteren Längskante
einen 10 cm breiten Seidenpapierstreifen anzeichnen und abschneiden.

Lampenschirm

Ober- und Unterteil aus Stoff r-a-r entlang der Mittelnaht arein-
anderstecken und zusammennähen. Die Naht bügeln.

Futter und Stoff l-a-l passgenau aufeinanderlegen, Volumenvlies
passgenau dazwischenlegen und aufeinanderbügeln.

Obere und untere Längskanten versäubern und das Samtband
in Grau jeweils zweimal knappkantig von rechts darübersteppen. Das Samtband in Rot an der Mittelnaht entlang zweimal
aufsteppen.

Beide Schmalkanten versäubern, r-a-r aufeinanderstecken und
1 cm breit zusammennähen. Die NZG auseinanderbügeln. Die
Hülle über den Lampenschirm stülpen.

Tabletteinlage

— AUCH GEWENDET RICHTIG SCHICK —

SCHWIERIGKEITSGRAD

GRÖSSE

Groß: 35 cm x 55 cm

klein: 35 cm x 25 cm

MATERIAL

GROSSE EINLAGE

> Stoff 1: Baumwollstoff in Grau mit Ranken, 35 cm x 55 cm

> Stoff 2: Baumwollstoff in uni Grau, 19 cm x 19 cm

> Stoff 3: Baumwollstoff in Grau mit Blümchen, Rest

> Futterstoff: Baumwollstoff in Grau mit Fächern, 35 cm x 55 cm

> Volumenvlies HH 650, 35 cm x 55 cm

> Volumenvlies H 630, 19 cm x 19 cm

> Aufbügelbare Applikationsfolie, Rest

> Samtband in Grau, 9 mm breit, 80 cm

> Schrägband in Grau, 20 mm breit, 200 cm

> Flechtband in Grau, 6 mm breit, 200 cm

> HT2 Textilkleber

KLEINE EINLAGE

> Stoff 1: Baumwollstoff in Grau mit Blümchen, 25 cm x 35 cm

> Futterstoff: Baumwollstoff in Grau mit Sternen, 25 cm x 35 cm

> Volumenvlies HH 650, 25 cm x 35 cm

> Schrägband in Grau, 20 mm breit, 130 cm

> Flechtband in Grau, 6 mm breit, 115 cm

VORLAGE

Seite 108

ZUSCHNITT

GROSSE EINLAGE

Stoff 1

> 1x Oberteil, 35 cm x 55 cm

Stoff 2

> 1x Quadrat für Applikation, 19 cm x 19 cm

Stoff 3

> 1x Applikationsmotiv „&", 16 cm x 16 cm

Futterstoff

> 1x Oberteil, 35 cm x 55 cm

Volumenvlies HH 650

> 1x Oberteil, 35 cm x 55 cm

Volumenvlies H 630

> 1x Quadrat für Applikation, 19 cm x 19 cm

Applikationsfolie

> 1x Applikationsmotiv „&", 16 cm x 16 cm

KLEINE EINLAGE

Stoff 1

> 1x Oberteil, 25 cm x 35 cm

Futterstoff

> 1x Oberteil, 25 cm x 35 cm

Volumenvlies

> 1x Oberteil, 25 cm x 35 cm

HINWEIS

Der Materialverbrauch ist von der jeweiligen Tablettgröße abhängig. Es gilt: Länge x Breite der Tablettinnenfläche.

Große Einlage

Die Applikationsfolie nach Herstelleranleitung von links auf das Applikationsmotiv aufbügeln. Motiv nach der Vorlage von links mittig aufzeichnen, ausschneiden und mittig auf das Quadrat bügeln. Volumenvlies H630 von links auf das Quadrat für die Applikation bügeln, anschließend rundum versäubern.

Quadrat wunschgemäß auf dem Oberteil platzieren, feststecken und danach knappkantig aufsteppen. Das Applikationsmotiv ebenfalls knappkantig absteppen.

Graues Samtband entlang der Versäuberungskante rundum zweifach knappkantig aufsteppen, dabei die Ecken in Fältchen legen und das Ende einschlagen.

Oberteil und Futter l-a-l aufeinanderlegen, Volumenvlies HH650 dazwischenlegen und aufeinanderbügeln.

Vorgefalztes Schrägband der Länge nach auf die Hälfte bügeln und die Außenkante der Tabletteinlage damit einfassen. Dabei die Ecken in Fältchen

TIPP

Leichter geht das Einfassen mit Schrägband, wenn die Kanten vorher versäubert werden. Dafür die Außenkanten versäubern, mit Schrägband einfassen, feststecken und knappkantig rundum absteppen. Am Anfang und am Ende je 12 cm für eine Schleife überstehen lassen und die Ecken in Fältchen legen.

legen oder vorher die Ecken leicht abrunden. Das überstehende Schrägband jeweils knappkantig aufeinandersteppen und an den Enden verknoten.

Das Flechtband über die Steppnaht des Schrägbandes steppen, dabei am Anfang und Ende je 3 cm überstehen lassen. Überstehendes Flechtband je mit einem einfachen Knoten versehen und mit etwas Textilkleber fixieren.

Überstehendes Schrägband so zu einer Schleife binden, dass die Flechtbanden darunter verschwinden.

Kleine Einlage

Die kleine Tabletteinlage auf die gleiche Weise wie die große Einlage arbeiten, allerdings ohne Quadrat mit Applikation.

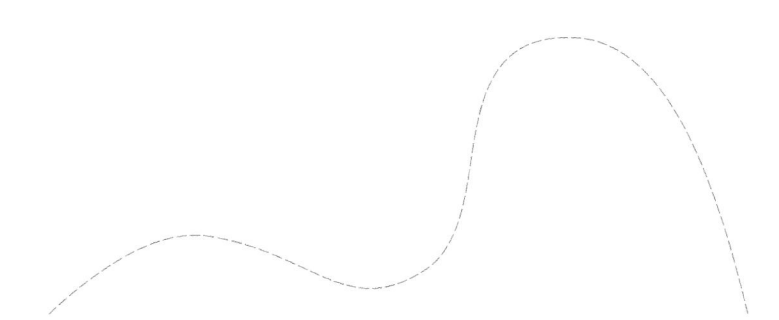

Wanddekoration

— BRINGT FARBE AN DIE WÄNDE —

SCHWIERIGKEITSGRAD

GRÖSSE

ø 19 cm

MATERIAL
EINFACHER BEZUG

> Stoff 1: Baumwollstoff in Grau mit Blumen oder Medaillons, 35 cm x 35 cm
> Volumenvlies H630, 19 cm x 19 cm
> Ripsband in Grau, 15 mm breit, 15 cm
> Korkuntersetzer, ø 19 cm
> Möbeltacker

BEZUG MIT KNÖPFEN

> Stoff 1: Baumwollstoff in Grau mit Wellen, 35 cm x 35 cm
> Volumenvlies H630, 19 cm x 19 cm
> Baumwollband n Grau mit Sternen, 15 mm breit, 100 cm
> 3 Sternenknöpfe in Ecru, ø 23 mm
> Korkuntersetzer, ø 19 cm
> HT2 Textilkleber

BEZUG MIT BÄNDERN

> Stoff 1: Baumwollstoff in Grau mit Fächern, 35 cm x 35 cm
> Volumenvlies H630, 19 cm x 19 cm
> Flechtband in Grau, 6 mm breit, 105 cm
> Baumwollband in Grau mit Sternen, 15 mm breit,100 cm
> Korkuntersetzer, ø 19 cm
> HT2 Textilkleber

BEZUG MIT TASCHEN

> Stoff 1: Baumwollstoff in Grau mit Streifen, 35 cm x 70 cm
> Stoff 2: Baumwollstoff in Grau mit Blümchen, 14 cm x 22 cm
> Volumenvlies H630, 19 cm x 19 cm
> Samtband in Grau, 9 mm breit, 35 cm
> Baumwollband in Grau mit Sternen, 15 mm breit, 100 cm
> Korkuntersetzer, ø 19 cm
> HT2 Textilkleber

NAHTZUGABEN

Wenn nicht anders angegeben, ist 1 cm NZG für den Zuschnitt bereits enthalten.

ZUSCHNITT
PRO BEZUG

Stoff 1

> 1x Bezug, ø 35 cm

Volumenvlies

> 1x ø 19 cm

BEZUG MIT TASCHEN

Stoff 1

> 1x Bezug, ø 35 cm
> 1x große Tasche, ø 35 cm

Stoff 2

> 1x kleine Tasche, 14 cm x 22 cm

Volumenvlies

> 1x ø 19 cm

Einfacher Bezug

Volumenvlies mittig von links auf den Bezug bügeln.

Die Außenkante des Bezugs versäubern und einkräuseln. Für das Kräuseln Steppstich auf größte Länge einstellen und ohne zu verriegeln mit 0,5 cm Abstand zur Außenkante absteppen.

Die Fadenenden vorsichtig zusammenziehen, Korkplatte mittig einlegen und restliche Weite einkräuseln, bis der Bezug glatt aufliegt. Den Faden verknoten.

Für die Aufhängung Ripsband zur Schlaufe legen und auf der Rückseite festtackern, dabei die Schlaufe 3,5 cm überstehen lassen.

Bezug mit Knöpfen

Den Bezug wie beim einfachen Bezug in Schritt 1 bis 3 beschrieben nähen. Dann drei Knöpfe als Aufhängung gleichmäßig verteilt mittig aufnähen.

Für die Aufhängung das Sternenband an der Außenkante rundum mit Textilkleber fixieren. Dabei für die Aufhängung am Anfang bzw. Ende ca. 18 cm überstehen lassen und die Enden verknoten.

Bezug mit Bändern

Volumenvlies von links mittig auf den Bezug aufbügeln.

Flechtband in 3 Stücke von 35 cm Länge zuschneiden. Das erste Stück von rechts quer über die Kreismitte aufstecken, die beiden anderen Stücke rechts und links daneben mit je 4 cm Abstand und parallel zueinander feststecken. Die Bänder nur punktuell, am besten immer versetzt zueinander aufsteppen, sodass Lücken bleiben, um Klammern daran zu befestigen.

Den Bezug wie beim einfachen Bezug in Schritt 2 bis 3 beschrieben arbeiten.

Für die Aufhängung das Sternenband an der Außenkante rundum mit Textilkleber fixieren. Dabei für die Aufhängung am Anfang bzw. Ende ca. 18 cm überstehen lassen und die Enden verknoten.

Bezug mit Taschen

Für die kleine Tasche die Schmalseiten des Stoffstreifens r-a-r übereinanderlegen, den Streifen auf die Hälfte bügeln und die offenen Kanten schließen. Dabei an einer Seite ca. 6 cm zum Wenden offen lassen. Die NZG zurückschneiden. Die Tasche wenden, Nähte ausbügeln und die Wendeöffnung von Hand schließen.

Volumenvlies von links mittig auf den Bezug aufbügeln. Kleine Tasche mittig oder seitlich versetzt auf den Bezug stecken und knappkantig aufsteppen, dabei den Tascheneingriff aussparen.

Für die große Tasche den Kreis (Stoff 1) l-a-l auf die Hälfte bügeln und das graue Samtband entlang der Umbruchkante zweimal knappkantig absteppen. Die große Tasche Schnittkante auf Schnittkante über der kleinen Tasche auf dem Bezug platzieren und feststecken.

Die Außenkante des Bezugs versäubern und einkräuseln, dabei die große Tasche mitfassen. Für das Kräuseln Steppstich auf größte Länge einstellen und ohne zu verriegeln mit 0,5 cm Abstand zur Außenkante absteppen.

Die Fadenenden vorsichtig zusammenziehen, Korkplatte mittig hineinlegen und die restliche Weite einkräuseln, bis der Bezug glatt aufliegt. Den Faden verknoten.

Für die Aufhängung das Sternenband an der Außenkante rundum mit Textilkleber fixieren. Dabei für die Aufhängung am Anfang bzw. Ende ca. 18 cm überstehen lassen und die Enden verknoten.

BADE-ZIMMER

NASSZELLE WAR GESTERN – BEGREIFEN SIE
IHR BADEZIMMER ALS IHRE GANZ PERSÖN-
LICHE WELLNESS-OASE! EGAL, WIE IHRE
MORGENRITUALE AUSSEHEN, EIN BESUCH
IM BADEZIMMER IST GARANTIERT DABEI.
UND WENN UNS DORT NICHT NUR WEISSE
ARMATUREN UND BLANKE FLIESEN ERWARTEN,
FÄLLT DAS AUFSTEHEN GLEICH VIEL LEICHTER.
IN EINEM SCHÖN EINGERICHTETEN BAD
STARTEN WIR ERFRISCHT IN DEN TAG ODER
LASSEN IHN BEI EINEM ENTSPANNENDEN
SCHAUMBAD AUSKLINGEN. GERN GÖNNT MAN
SICH HIER AUCH EINE LÄNGERE AUSZEIT.

Hülle für Kosmetiktücher

— SCHÖN VERPACKT —

SCHWIERIGKEITSGRAD ///

GRÖSSE

H 10 cm x 24,5 cm x T 12 cm

MATERIAL

> Stoff 1: Baumwollstoff in Blau mit Eicheln, 50 cm x 60 cm

> Futterstoff 2: Baumwollstoff in Blau mit Sternchen, 50 cm x 60 cm

> Stoff 3: Baumwollstoff in Blau mit Tieren, Rest (Applikation)

> Volumenvlies H 640, 50 cm x 60 cm

> Vlieseline G 700, 50 cm x 60 cm

> Aufbügelbare Applikationsfolie, Rest

> Flechtband in Blau, 6 mm breit, 55 cm

> Baumwollband in Blau gemustert, 15 mm breit, 100 cm

VORLAGE

Seite 110

NAHTZUGABEN

Für die Hülle rund um die Vorlage jeweils 1 cm NZG hinzufügen.

ZUSCHNITT

Stoff 1

> 1x Hülle nach Vorlage

Futterstoff 2

> 1x Hülle nach Vorlage

Stoff 3

> 1x Tiermotiv im Quadrat

Volumenvlies

> 1x Hülle nach Vorlage

Vlieseline

> 1x Hülle nach Vorlage

Applikationsfolie

> 1x Tiermotiv im Quadrat

HINWEIS

Alle Markierungen von der Vorlage auf Stoff übertragen.

Anleitung

Volumenvlies von links auf das Oberstoffteil und Vlieseline von links auf den Futterstoff aufbügeln. Die Applikationsfolie nach Herstelleranleitung von links auf das Tiermotiv aufbügeln und kreisförmig ausschneiden.

Das Motiv gemäß Markierung von rechts auf das Oberstoffteil aufbügeln. Das Flechtband an der Schnittkante rundum aufsteppen, dabei am Anfang bzw. Ende 6 cm überstehen stehen lassen. Die Enden des Bandes jeweils verknoten und mit einem einfachen Knoten schließen.

Das restliche Flechtband halbieren, jeweils zur Schlaufe legen und gemäß Markierung von rechts so auf das Oberstoffteil stecken, dass die Enden zur Schnittkante zeigen und die Schlaufen 2 cm lang sind.

Bei Oberstoff und Futter jeweils die Umbrüche laut Vorlage (1 auf 1, 2 auf 2, 3 auf 3, 4 auf 4) einbügeln und die Seitenteile über Eck bis zur Markierung r-a-r zusammennähen. Am Nahtende die NZG je bis 2 mm vor die Naht einschneiden.

Oberstoff und Futter r-a-r passgenau aufeinanderstecken und die offenen Kanten 1 cm breit zusammennähen, dabei die Schlaufen mitfassen und ca. 10 cm zum Wenden offen lassen. Die NZG zurückschneiden. Die Hülle wenden und die Nähte ausbügeln. Die Wendeöffnung von Hand schließen.

Das Baumwollband halbieren, jeweils l-a-l zur Hälfte legen und die Mitte markieren. Die Bindebänder gemäß Markierung r-a-r auf die den Schlaufen gegenüberliegende Kante stecken und mittig knappkantig aufsteppen. Die Bandenden verknoten.

Wäschesammler

— PRAKTISCHER ALLESSCHLUCKER —

SCHWIERIGKEITSGRAD

GRÖSSE

H 70 cm x 40 cm x T 40 cm

MATERIAL

> Stoff 1: Baumwollstoff in Blau mit Streifen, 184 cm x 145 cm

> Stoff 2: Baumwollstoff in uni Blau, 15 cm x 15 cm

> Futterstoff: Baumwollstoff in Blau mit Kreisen, 180 cm x 145 cm

> Volumenvlies H630, 184 cm x 126 cm

> Aufbügelbare Applikationsfolie, Rest

> Ripsband in Blau, 15 mm breit, 280 cm

> Haushaltsbband in Weiß, 12,5 mm breit, 100 cm

> Wäschesack aus Kunstfaser, 70 cm x 40 cm x 40 cm

> Sicherheitsnadel, 6 cm

VORLAGE

Seite 111

NAHTZUGABEN

Wenn nicht anders angegeben, ist 1 cm NZG für den Zuschnitt bereits enthalten.

ZUSCHNITT

Stoff 1

> 1x Oberteil, 184 cm x 42 cm

> 2x Seitenteil, 72 cm x 42 cm

> 2x Etikett, 17 cm x 15 cm

Stoff 2

> 1x Applikation, 15 cm x 15 cm

Futterstoff

> 4x Streifen, 90 cm x 42 cm

Volumenvlies

> 1x Oberteil, 184 cm x 42 cm

> 2x Seitenteil, 72 cm x 42 cm

Applikationsfolie

> 1x Applikation, 15 cm x 15 cm

> 2x Etikett, 17 cm x 15 cm

Anleitung

Volumenvlies jeweils von links auf das Oberteil und die Seitenteile bügeln. Das Oberteil der Länge nach r-a-r auf die Hälfte legen und die Mitte festlegen. Jeweils 20 cm rechts und links von der Mitte Markierungspunkte aufzeichnen, sodass ein Boden von 40 cm x 42 cm entsteht.

Die Seitenteile jeweils an einer Längskante des Oberteils bis zur Markierung feststecken und annähen. Dafür die Nadel im Stoff stecken lassen, Füßchen hochheben, NZG bis kurz vor der Nadel einschneiden, den Stoff unter der Maschine drehen und bis zur nächsten Markierung um die Ecke nähen. Den Vorgang wiederholen und bis zum Ende des Oberteils nähen.

Entlang der oberen Schnittkante mit einem Abstand von 3 cm eine Markierungslinie für das Ripsband anzeichnen und das Band rundum zweimal knappkantig aufsteppen.

Alle 4 Futterteile an den Längskanten r-a-r zu einem Schlauch aneinandernähen, die Nähte ausbügeln. Für den Tunnelzug die untere Schnittkante versäubern, 2 cm breit nach links einbügeln und knappkantig feststeppen. Dabei 2 cm für das Haushaltsband offen lassen.

Oberteil und Futter an der oberen Schnittkante r-a-r so aufeinanderstecken, dass die Seitennähte aufeinanderstoßen, und zusammennähen. NZG zurückschneiden und den Bezug wenden. Die Nahtkante ausbügeln und rundum knappkantig absteppen.

Das Wäscheband mit einer Einziehhilfe durch den Tunnelzug (Futter) ziehen.

Für den Verschluss Ripsband in Blau halbieren, jeweils auf die Hälfte legen und an der oberen Vorder- bzw. Rückseite des Oberteils von rechts mittig an der Steppnaht feststeppen. Die Enden jeweils verknoten.

Den Bezug über den Kunstfasersack ziehen und das Futter am Boden mit dem Haushaltsband zusammenziehen.

Für die Applikation Applikationsfolie nach Herstelleranleitung von links auf den Stoffrest in Blau aufbügeln, die Vorlage von rechts aufzeichnen und ausschneiden.

Beide Etiketten aus Stoff l-a-l aufeinanderlegen, Applikationsfolie dazwischenlegen und nach Herstelleranleitung aufeinanderbügeln. Applikation „60°" auf dem Etikett platzieren und aufbügeln. Das Etikett rundum mit einer Zackenschere beschneiden und mit der Sicherheitsnadel am Wäschesack befestigen.

HINWEIS

Der Materialverbrauch ist von der Größe des zu beziehenden Wäschesacks abhängig. Es gilt: 2x Länge (inkl. Taschenboden) und 2x Seitenteile ohne Boden plus 1 cm NZG an allen Kanten.

Paravent

— ZWEITEILIGER SICHTSCHUTZ —

SCHWIERIGKEITSGRAD

GRÖSSE

H 140 cm x 90 cm

MATERIAL

Hinweis: Die Materialangaben sind für einen zweiteiligen Paravent. Soll der Paravent (wie abgebildet) dreiteilig sein, muss die Hälfte des Materialverbrauchs noch hinzugefügt werden.

Für den Bezug

> Stoff 1: Baumwollstoff in Blau Toile de Jouy, 150 cm x 100 cm
> Stoff 2: Baumwollstoff in Blau mit Streifen, 150 cm x 100 cm
> Volumenvlies H640, 300 cm x 90 cm
> Samtband in Blau, 9 mm breit, 530 cm
> HT2 Textilkleber
> Möbeltacker

Für das Holzgestell

> 2x Schichtholz-Zuschnitt, H 140 cm x 45 cm (Holzstärke 12 mm)
> 1x Scharnierleiste, 120 cm lang, mit passenden Schrauben

VORLAGE

Die zugeschnittenen Holzelemente dienen als Vorlage für den sToffzuschnitt plus NZG

NAHTZUGABEN

Alle Stoffteile rundum mit mindestens 3 cm NZG zuschneiden.

ZUSCHNITT

Stoff 1

> 2x Vorderteil nach Vorlage

Stoff 2

> 2x Rückenteil nach Vorlage

Volumenvlies

> 2x Vorderteil nach Vorlage ohne NZG
> 2x Rückenteil nach Vorlage ohne NZG

Anleitung

Volumenvlies jeweils von links mittig auf die Vorder- und die Rückenteile aufbügeln. Zuerst die Vorderteile jeweils so auf das Holzelement legen, dass die NZG überstehen. Die Vorderteile rundum mit dem Tacker fixieren. Dafür nacheinander die sich gegenüberliegenden Seiten fixieren und den Stoff straff ziehen. Überstehende NZG an den Außenkanten rundum zurückschneiden.

Mit den Rückenteilen genauso verfahren.

An je einer geraden Kante pro Element Markierungen für das Scharnier anzeichnen. Das Samtband mit Textilkleber rundum an den Außenkanten aufkleben, dabei die Scharnierlänge aussparen bzw. nur 1 cm breit überlappen lassen. Scharniere festschrauben.

TIPP

Für den Holzzuschnitt im Baumarkt empfiehlt es sich, eine Schablone für die Rundung mitzuliefern. Die zugeschnittenen Holzelemente dienen als Vorlage für den Stoffzuschnitt.

Kulturbeutel

— ALLES GUT VERSTAUT —

SCHWIERIGKEITSGRAD 🪡🪡🪡

GRÖSSE

60 cm x 27 cm

MATERIAL

- › Stoff 1: Baumwollstoff in Blau mit Tieren, 60 cm x 27 cm
- › Stoff 2: Baumwollstoff in Blau mit Sternchen, 60 cm x 65 cm
- › Stoff 3: Baumwollstoff in Blau mit Zwiebelmuster, 35 cm x 38 cm
- › Stoff 4: Baumwollstoff in Blau mit Kreisen, 22 cm x 27 cm
- › Volumenvlies HH650, 60 cm x 27 cm
- › Vlieseline G700, 50 cm x 76 cm
- › Aufbügelbare Applikationsfolie, Rest
- › Flechtband in Blau, 6 mm breit, 46 cm
- › Zackenlitze Samt in Blau, 9 mm breit, 280 cm
- › Ripsband in Blau, 15 mm breit, 230 cm
- › Baumwollband in Blau gemustert, 15 mm breit, 27 cm
- › Schrägband in Blau gestreift, 20 mm breit, 200 cm
- › 2 Knöpfe in Blau gestreift, ø 15 mm
- › Öse zum Einstanzen in Silber, ø 20 mm
- › Reißverschluss in Blau, 25 cm
- › HT2 Textilkleber

NAHTZUGABEN

Wenn nicht anders angegeben, ist 1 cm NZG für den Zuschnitt bereits enthalten.

ZUSCHNITT

Stoff 1

- › 1x Außenseite Beutel, 60 cm x 27 cm
- › Rest mit einem Tiermotiv im Quadrat

Stoff 2

- › 1x Innenseite Beutel, 60 cm x 27 cm
- › 1x Tasche mit Applikation, 27 cm x 38 cm

Stoff 3

- › 1x Tasche mit Reißverschluss (= 1x Oberteil, 10 cm x 27 cm, und 1x Unterteil, 22 cm x 27 cm)
- › 1x Tasche mit Falten, 22 cm x 38 cm

Stoff 4

- › 1x Tasche mit Band, 22 cm x 27 cm

Volumenvlies

- › 1x Außenseite Beutel, 60 cm x 27 cm

Vlieseline

- › 1x Tasche mit Applikation, 27 cm x 38 cm
- › 1x Tasche mit Falten, 22 cm x 38 cm

Applikationsfolie

- › 1x Tiermotiv im Quadrat

Anleitung

Die Außen- und Innenseite des Beutels l-a-l aufeinanderlegen, Volumenvlies dazwischenlegen und zusammenbügeln. Anschließend die Taschen nähen, dabei von unten nach oben arbeiten.

1. Tasche mit Reißverschluss

Das Ober- und Unterteil jeweils der Länge nach l-a-l auf die Hälfte bügeln. Den Reißverschluss passgenau so zwischen die Umbrüche von Ober- und Unterteil stecken, dass die Zähnchen sichtbar bleiben. Mit dem Reißverschluss-Füßchen knappkantig feststeppen. Dafür zunächst den Reißverschluss ein Stück öffnen, 3 cm steppen und die Nadel im Nähgut stecken lassen. Reißverschluss-Füßchen anheben, Reißverschluss zuziehen, Füßchen absenken und bis ans Ende nähen.

Die zweite Hälfte des Reißverschlusses auf die gleiche Weise arbeiten und die Nähte bügeln. Die offene Schnittkante des Taschenoberteils zusammen versäubern. Die Tasche bündig zur unteren Schnittkante der Beutel-Innenseite aufstecken.

2. Tasche mit Applikation

Vlieseline von links auf die Tasche mit Applikation (Stoff 2) bügeln. Die Tasche der Länge nach l-a-l auf die Hälfte bügeln. Entlang des Umbruchs die Mitte markieren.

Für die Knopfschlaufen je zweimal 8 cm Flechtband zuschneiden und die Enden mit etwas Klebstoff fixieren. Die Bänder jeweils zur Schlaufe legen und 5 cm rechts und links von der Mitte von links an der Umbruchkante feststecken. Die Zackenlitze entlang des Umbruchs aufsteppen, dabei die Schlaufen mitfassen.

Für die Applikation Applikationsfolie nach Herstelleranleitung von links auf den Stoffrest mit Tiermotiv bügeln und kreisförmig ausschneiden. Die Applikation mittig auf die Tasche bügeln und Flechtband rundum an der Schnittkante feststeppen, dabei am Anfang und Ende jeweils 6 cm überstehen lassen. Die Bandenden verknoten und das Band mit einem einfachen Knoten schließen.

Jetzt die Falten einbügeln: Dafür jeweils parallel zu den Schmalkanten nach 7 cm eine Markierungslinie für den Faltenumbruch einzeichnen. Die Falte jeweils so einbügeln, dass der Umbruch 1 cm vor der Schnittkante endet. Den Umbruch knappkantig absteppen.

Die unteren offenen Kanten füßchenbreit zusammennähen, dabei die abgelegten Falten mitfassen.

Die Tasche mit Applikation bündig an die Tasche mit Reißverschluss legen und feststecken. Ripsband in Blau über die Schnittkanten legen und zweimal knappkantig aufsteppen.

3. Tasche mit Band

Stoff 4 der Länge nach l-a-l auf die Hälfte bügeln. Den Taschenstreifen in der Senkrechten in 4 gleich große Eingriffstaschen unterteilen und Markierungslinien anzeichnen, dabei am Anfang und Ende je 1 cm NZG aussparen.

Gemustertes Baumwollband mit 3,5 cm Abstand parallel zum Umbruch quer über den Taschenstreifen aufstecken. Die Taschenfelder senkrecht entlang der Markierung absteppen, dabei das Band mitfassen. An der offenen Längskante 1 cm NZG nach links einbügeln, Taschenstreifen mit 2 cm Abstand zur zweiten Tasche auf die Innenseite des Beutels stecken und an der unteren Kante knappkantig aufsteppen.

4. Tasche mit Falten

Stoff 3 der Länge nach l-a-l auf die Hälfte bügeln und auf die gleiche Weise wie die zweite Tasche arbeiten, allerdings ohne Applikation.

Die Tasche bündig an die Tasche mit Band anstoßen lassen und aufsteppen. Ripsband über die Schnittkanten stecken und zweimal knappkantig absteppen.

Die Außenseite des Beutels rundum versäubern, dabei alle Taschen mitfassen.

Das vorgefalzte Schrägband auf die Hälfte bügeln und die Außenseite rundum damit einfassen. Dabei in den Ecken Fältchen legen oder vor dem Versäubern Ecken abrunden. Bandenden einschlagen.

Die Öse mit 2,5 cm Abstand zur Oberkante des Kulturbeutels mittig nach Herstelleranleitung einarbeiten. Die beiden Knöpfe der Tasche mit Applikation entsprechend der Schlaufen von Hand annähen.

Für den Verschluss restliches Ripsband in Bau auf die Hälfte legen. Die Schlaufe durch die Öse ziehen, die Bandenden durch die Schlaufe fädeln und zusammenziehen. Den Kulturbeutel einschlagen, mit Ripsband umwickeln und die Enden zur Schleife binden. Die Bandenden jeweils verknoten oder abschrägen.

Badvorleger

— FÜR WARME UND TROCKENE FÜSSE —

SCHWIERIGKEITSGRAD

GRÖSSE

268 cm x 73 cm

MATERIAL

> Stoff 1: Baumwollstoff in Blau mit Zwiebelmuster, 240 cm x 50 cm

> Stoff 2: Baumwollstoff in Blau mit Streifen 240 cm x 56 cm

> Stoff 3: Baumwollstoff Waffelpique in Weiß, 268 cm x 73 cm

> Volumenvlies H640, 268 cm x 73 cm

> Volumenvlies HH650, 268 cm x 73 cm

> Schrägband in Blau gestreift, 20 mm breit, 700 cm

> Ripsband in Blau, 15 mm breit, 580 cm

NAHTZUGABEN

Wenn nicht anders angegeben, ist 1 cm NZG für den Zuschnitt bereits enthalten.

ZUSCHNITT

Stoff 1

> 1x Mittelteil, 240 cm x 50 cm

Stoff 2

> 2x Seitenteil, 240 cm x 14 cm

> 2x Endstreifen, 73 cm x 14 cm

Stoff 3

> 1x Unterteil, 268 cm x 73 cm

Volumenvlies

> H 640: 1x Unterteil, 268 cm x 73 cm

> HH 650:1x Unterteil, 268 cm x 73 cm

Anleitung

Die Seitenteile jeweils r-a-r an den Längskanten an das Mittelteil stecken und absteppen. An den Schmalkanten jeweils die Endstreifen r-a-r feststecken und annähen. Die Nähte ausbügeln.

Volumenvlies H640 von links auf das Unterteil aufbügeln. Ober- und Unterteil l-a-l aufeinanderlegen, Volumenvlies HH650 dazwischenstecken und aufeinanderbügeln.

Die Außenkanten rundum zusammen versäubern und mit vorgebügeltem Schrägband einfassen. Dafür das Nähgut zwischen das Schrägband legen, knappkantig feststeppen und in den Ecken Fältchen legen. Das Ende nach links einschlagen.

Ripsband von rechts an der Ansatznaht des Mittelteils rundum zweimal kappkantig aufsteppen, in den Ecken Fältchen legen und das Ende nach links einschlagen.

TIPP

Bei unterschiedlichen Stoffen empfiehlt es sich, sie vorzuwaschen, da sie unterschiedlich einlaufen können. Außerdem sollten Sie ein eventuelles Einlaufen beim Materialverbrauch berücksichtigen.

SCHLAFZIMMER

IM SCHLAFZIMMER VERBRINGEN SIE UNTER
UMSTÄNDEN, WENN AUCH SCHLAFEND,
AN VIELEN TAGEN DEN GROSSTEIL IHRER
ZEIT. ES IST DER WOHL INTIMSTE RAUM
IHRER WOHNUNG UND IHR PERSÖNLICHER
RÜCKZUGSORT, AN DEM SIE AUFTANKEN,
ZUR RUHE KOMMEN UND ERHOLT DEN
TAG BEGINNEN ODER MÜDE INS WEICHE
FEDERBETT FALLEN. JE BEHAGLICHER IHR
SCHLAFZIMMER IST, DESTO WOHLER FÜHLEN
SIE SICH IN IHREM ZIMMER DER TRÄUME.
SO SIND GERUHSAME NÄCHTE GARANTIERT.

Nackenrolle
— EINE PERFEKTE STÜTZE —

SCHWIERIGKEITSGRAD

GRÖSSE

70 cm x ø 15 cm
(inkl. Stoffüberstand)

MATERIAL

> Stoff 1: Baumwollstoff in
  Rot/Weiß/Pink mit Punkten,
  48 cm x 129 cm
> Zackenband Samt in Rot,
  12 mm breit, 100 cm
> Baumwollband in Weiß
  mit roten Kreuzen,
  15 mm breit, 160 cm
> Nackenrollen-Inlet,
  46 cm x ø 15 cm

NAHTZUGABEN

Wenn nicht anders ange-
geben, ist 1 cm NZG für den
Zuschnitt bereits enthalten.

ZUSCHNITT

Stoff 1

> 1x Oberteil, 48 cm x 129 cm

Anleitung

Beide Längskanten des Oberteils versäubern und
beide Schmalkanten zunächst jeweils 1 cm, dann
20 cm nach links einbügeln.

Das Oberteil der Länge nach r-a-r auf die Häifte legen und zum Schlauch zusammennähen, dabei
den vorgebügelten Überstand (inkl. NZG) beidseitig
aufklappen. Die NZG auseinanderbügeln. Den Überstand inklusive NZG jeweils nach innen einschlagen,
feststecken und mit dem Freiarm rundum knappkantig absteppen. Paralle dazu für den Tunnelzug den
Überstand mit einem Abstand von 2 cm absteppen.
Für das Zugband die Naht zwischen den Steppnäh-
ten jeweils 2 cm von rechts auftrennen.

Zackenband jeweils an den beiden Außenkanten
entlang der Innenseite aufsteppen, dabei die Enden
einschlagen. Den Überstand ca. 5 cm breit als Umschlag nach außen umstülpen.

Baumwollband halbieren und jeweils mit einer Einziehhilfe durch den Tunnelzug ziehen. Kisseninlet in
den Schlauch schieben. Die Zugbänder an beiden
Enden zusammenziehen und zur Schleife binden.
Die Enden jeweils verkroten.

Baldachin
— WUNDERSCHÖNER BETTHIMMEL —

SCHWIERIGKEITSGRAD

GRÖSSE

600 cm x 145 cm
(für Bettmaß
200 cm x 200 cm)

MATERIAL

> Stoff 1: Baumwollstoff
in Rot mit Retro-Muster,
600 cm x 145 cm

> Stoff 2: Baumwollstoff in
uni Rot, 600 cm x 145 m

> Ripsband in Rot,
15 mm breit, 300 cm

NAHTZUGABEN

Wenn nicht anders ange-
geben, ist 1 cm NZG für den
Zuschnitt bereits enthalten.

ZUSCHNITT

Stoff 1

> 1x Vorderseite,
600 cm x 145 cm

Stoff 2

> 1x Rückseite,
600 cm x 145 cm

Anleitung

Vorder- und Rückseite r-a-r aufeinanderstecken und
an den Längskanten zusammennähen. Baldachin
wenden und die Kanten ausbügeln.

Die Schmalkanten jeweils 1 cm breit zur gemusterten
Seite umbügeln. Ripsband halbieren und zweimal
knappkantig darübersteppen, dabei die Enden einschlagen.

Baldachin über das Bett hängen und am Fußende
zur Dekoration verknoten.

TIPP

Um den Stoffverbrauch zu redu-
zieren, alternativ den Stoff in uni Rot
nur einfach verwenden. Dann die
Längskanten jeweils zweimal 1 cm breit
nach links einbügeln und knappkantig
absteppen. Die Schmalkanten wie
beschrieben mit Ripsband
übersteppen.

Bettwäsche

— SÜSSE TRÄUME —

SCHWIERIGKEITSGRAD 🪡🪡🪡

GRÖSSE

Bettbezug: 200 cm x 145 cm
Kopfkissenbezug: 80 cm x 80 cm

MATERIAL

> Stoff 1: Baumwollstoff in Rot mit Schleifen, 300 cm x 145 cm

> Stoff 2: Baumwollstoff in Rot mit großem Karo, 380 cm x 145 cm

> Stoff 3: Baumwollstoff in Rot mit Hundemedaillons, 30 cm x 145 cm

> Volumenvlies HH650, 40 cm x 40 cm

> Aufbügelbare Applikationsfolie, Rest

> Samtband in Rot, 9 mm breit, 320 cm

> 5 Druckknöpfe, ø 2 cm

NAHTZUGABEN

Wenn nicht anders angegeben, ist 1 cm NZG für den Zuschnitt bereits enthalten. Bei 145 cm Breite ist immer die gesamte Stoffbreite gemeint.

ZUSCHNITT

Stoff 1

> 1x Bettbezug (Unterteil), 204 cm x 145 cm

> 1x Bettbezug (Umschlag), 56 cm x 145 cm

> 1x Quadrat auf dem Kopfkissenbezug, 40 cm x 40 cm

Stoff 2

> 1x Bettbezug (Oberteil), 207 cm x 145 cm

> 6x Bindebänder, 25 cm x 9 cm

> 1x Kopfkissenbezug, 172 cm x 82 cm

> 1x Quadrat für die Applikation, 11 cm x 11 cm

Stoff 3

> 1x Blende, 15 cm (2 Medaillonreihen) x 145 cm

> 1x Applikationsmotiv, 7 cm x 7 cm (1 Medaillon)

Volumenvlies

> 1x Quadrat auf dem Kopfkissenbezug, 40 cm x 40 cm

Applikationsfolie

> 1x Applikationsmotiv, 7 cm x 7 cm

Bettbezug

Für die Bindebänder (Stoff 2) die Bänder jeweils der Länge nach r-a-r bügeln, feststecken und rundum bis auf eine Schmalkante zusammennähen. Die NZG zurückschneiden. Die Bänder wenden und ausbügeln.

Für den Bettbezug das Unterteil (Stoff 1) und den Umschlag (Stoff 1) an einer Schmalkante r-a-r so zusammenstecken, dass die Schleifen Kopf an Kopf stehen. Die Naht schließen, versäubern und bügeln. Den Umschlag an der Schmalkante säumen: Dafür zunächst 1 cm, dann 3 cm breit nach links einbügeln und knappkantig absteppen.

Die Blende (Stoff 3) an den Längskanten jeweils 1 cm so nach links bügeln, dass zwei Rapportreihen Hunde sichtbar bleiben. Die Blende bündig zur Saumkante des Umschlags von rechts feststecken, dabei 3 Bindebänder gleichmäßig verteilt 1 cm breit mit der offenen Schnitt-

kante dazwischenlegen. Die Längskanten knappkantig absteppen und die Bänder mitfassen. Samtband in Rot entlang der oberen Blendennaht zweimal knappkantig absteppen.

Das Oberteil (Stoff 2) an der oberen Schmalkante säumen, Schmalkante zunächst 1 cm, dann 5 cm breit nach links umbügeln und anschließend knappkantig absteppen.

Ungesäumte Schmalkanten am Bezugende (Stoff 1 und 2) r-a-r zusammennähen, versäubern und bügeln. Ober- und Unterteil r-a-r übereinanderlegen und den Umschlag r-a-r so dazwischenlegen, dass die gesäumte Oberteilkante an die Umbruchnaht des Umschlags stößt. Die Seitennähte schließen und versäubern. Den Bettbezug wenden und bügeln.

Die restlichen 3 Bindebänder passgenau zum Umschlag auf das Oberteil stecken. An der offenen Schmalkante 2 cm breit nach links einschlagen und feststeppen.

Kopfkissenbezug

Für die Applikation Applikationsfolie nach Herstelleranleitung von links auf das Hundemedaillon bügeln und mit einem 0.5 cm breiten roten Rand ausschneiden. Am Quadrat für die Applikation (Stoff 2) die Schnittkanten rundum 1 cm breit nach links einbügeln, das Hundemedaillon mittig aufbügeln und knappkantig absteppen.

Den Kopfkissenbezug (Stoff 2) an den Schmalkanten versäubern, die NZG 1 cm breit nach links umbügeln und knappkantig absteppen. Den Kopfkissenbezug der Länge nach so übereinanderlegen, dass ein 82 cm x 80 cm großes Quadrat einsteht und die rechte Seite außen liegt. Die Umbruchkanten einbügeln und den Streifen wieder aufklappen.

Das Quadrat auf dem Kopfkissenbezug (Stoff 1) rundum versäubern und mittig auf der Vorderseite des Kopfkissenbezugs platzieren. Volumenvlies dazwischenlegen und zusammenbügeln. Samtband in Rot entlang der Versäuberungskante rundum zweimal aufsteppen, dabei Ecken in Fältchen legen und das Ende einschlagen.

Die vorbereitete Applikation mittig auf das rote Quadrat auf dem Kissenbezug stecken und rundum knappkantig feststeppen. Den Kopfkissenbezug gemäß der eingebügelten Umbruchkanten r-a-r einschlagen und zusammenstecken. Offene Schrittkanten zusammennähen und jeweils versäubern. Den Kissenbezug wenden, ausbügeln und die Druckknöpfe gleichmäßig verteilt an der Öffnung von Hand annähen.

Knietablett

— FÜR DAS FRÜHSTÜCK IM BETT —

SCHWIERIGKEITSGRAD

GRÖSSE

30 cm x 40 cm

MATERIAL

> Stoff 1: Baumwollstoff in Rot mit Blümchen, 55 cm x 65 cm

> Stoff 2: Baumwollstoff in Rot mit Hundemedaillons, Rest (2x Hundemotiv)

> Stickvlies (Ultra Stable), 35 cm x 45 cm

> Aufbügelbare Applikationsfolie, Rest

> Flechtband in Weiß, 6 mm breit, 50 cm

> Baumwollband in Rot/Weiß gemustert, 15 mm breit, 260 cm

> Bilderrahmen in Weiß, 30 cm x 40 cm

> Kisseninlet, 30 cm x 40 cm

> HT2 Textilkleber

> Möbeltacker

NAHTZUGABEN

Wenn nicht anders angegeben, ist 1 cm NZG für den Zuschnitt bereits enthalten.

HINWEIS
Für den Zuschnitt den Rahmen als Vorlage verwenden.

ZUSCHNITT

Stoff 1

> 1x Tablettunterteil: cen kompletten Rahmen auf den Stoff legen und entlang der Außenkanten aufzeichnen. Rundum 10 cm hinzufügen und die Rahmenaußenkanten in der Verlängerung markieren, sodass an den Ecken Quadrate entstehen.

> 1x Tabletteinlage: die Rahmenrückwand als Vorlage verwenden

Stoff 2

> 2x Hundemedaillons, 10 cm x 8 cm

Stickvlies

> 1x Tabletteinlage: die Rahmenrückwand als Vorlage

Applikationsfolie

> 2x Hundemedaillons, 10 cm x 8 cm

Anleitung

Für die Tabletteinlage Stickvlies von links auf den Stoff und Applikationsfolie jeweils nach Herstelleranleitung von links auf die Hundemedaillons bügeln. Die Medaillons jeweils mit einem 0,5 cm breiten roten Rand ausschneiden. Mit 1 cm Abstand zueinander mittig auf die Tabletteinlage bügeln und rundum absteppen.

Flechtband in Form einer quer gelegten Acht an den Schnittkanten feststecken. Dabei mittig zwischen den Medaillons beginnen und das Ende unter das Band schieben.

Für die Tragegriffe das Baumwollband halbieren und die Enden jeweils mit Knoten fixieren. Den Bilderrahmen komplett auseinanderbauen und die Tragegriffe jeweils mittig an den Schmalkanten auf

der Glasvorderseite platzieren, sodass die Knoten nach außen zeigen. Das Glas wieder in den Rahmen einlegen, dabei werden die Griffe fixiert. Die Tabletteinlage mit der rechten Seite nach oben auf das Glas legen und dann mit der Rückwand fixieren.

Für das Tablettunterteil die Ecken abnähen: Dafür die durchs Anzeichnen entstandenen Quadrate r-a-r jeweils zur Spitze übereinanderlegen und ein Dreieck entlang der eingezeichneten Markierung abnähen. Das Dreieck jeweils zur Mitte bügeln.

Die obere Schnittkante rundum 1 cm nach links einbügeln. Das Kisseninlet in das Unterteil legen und das Unterteil mit dem Tacker rundum an der Bilderrahmen-Außenkante fixieren.

Baumwollband mit Textilkleber rundum über der getackerten Kante aufkleben und das Ende einschlagen.

TIPP

Ist Ihr Kisseninlet zu breit, können Sie es auf das entsprechende Maß kürzen: Dazu eine Schmalkante auftrennen, etwas Füllmaterial herausnehmen, Stoff auf 40 cm Breite kürzen und offene Kante zusammen versäubern.

Tafel

— ORIGINELLER WANDSCHMUCK —

SCHWIERIGKEITSGRAD

GRÖSSE

40 cm x 50 cm (Bilderrahmen)

MATERIAL

> Stoff 1: Baumwollstoff in Rot mit großem Karo, 105 cm x 145 cm

> Ripsband in Rot, 15 mm breit, 200 cm

> Tafelfarbe in Grau

> Kreidestift

> Bilderrahmen, 40 cm x 50 cm

NAHTZUGABEN

Wenn nicht anders angegeben, ist 1 cm NZG für den Zuschnitt bereits enthalten.

ZUSCHNITT

Stoff 1

> 7x Streifen, 15 cm x 145 cm

Anleitung

Die Streifen an den Schmalkanten auf eine Länge von 900 cm aneinandernähen, dabei die NZG auseinanderbügeln. Entlang beider Längskanten je 1 cm breit nach links einbügeln. Dabei für die Schleife an beiden Enden jeweils 50 cm aussparen und jeweils r-a-r entlang der Knopfleisten zur Hälfte aufeinanderbügeln. Die Schmalkanten im 45°-Winkel abschrägen und die Längskanten je 50 cm lang zusammennähen. NZG zurückschneiden, die Enden wenden und die Kanten bügeln.

Vom Bilderrahmen nur den äußeren Rahmen und die Rückplatte verwenden. Die glatte Oberfläche der Rückplatte mehrmals mit Tafelfarbe einstreichen, bis eine homogene Fläche entsteht. Die Farbe trocknen lassen. Die Befestigungsnägel für die Rückplatte ganz nach oben biegen.

Den Rahmen mit dem Stoffstreifen umwickeln: Dazu für die Schleife am Anfang und Ende die verstürzten Enden überstehen lassen. An einer Längskante des Rahmens mittig beginnen und das Band überlappend um den Rahmen wickeln. Dabei die Nägel frei lassen und das Band nicht zu straff ziehen, damit die Rückplatte noch Platz hat. Zum Schluss die verstürzten Enden zur Schleife binden, die Rückplatte einlegen und die Nägel umbiegen.

Für die Aufhängung das Ripsband durch die Aufhängevorrichtung der Rückplatte ziehen und an einem Ripsbandende den Kreidestift binden.

TIPP

Gibt es keine Aufhänge-vorrichtung an der Rück-platte, sollte zusätzlich eine angebracht werden.

HOME-OFFICE

EIN GUT EINGERICHTETES BÜRO SOLLTE NATÜRLICH VOR ALLEM EINES SEIN: GUT ORGANISIERT. DOCH AUCH HIER DARF SICH DAS AUGE AN KREATIVEN KLEINIGKEITEN ERFREUEN, DIE EINEN PRAKTISCHEN NUTZEN HABEN. DENN WENN IHR BÜRO STILSICHER UND WOHNLICH EINGERICHTET IST, WIDMET MAN SICH HIER DEM SONST SO UNBELIEBTEN PAPIERKRAM MIT LEICHTIGKEIT UND FREUDE. ALLES MUSS HIER SEINEN PLATZ FINDEN, DESHALB IST AUSREICHEND STAURAUM NÖTIG. VERABSCHIEDEN SIE SICH VON DEM GEDANKEN, DASS IHR BÜRO BLOSS EIN ZWECKMÄSSIGER RAUM IST. IN EINEM SCHÖNEN BÜRO LEGT MAN GERN MAL EINEN HOMEOFFICE-TAG EIN.

Tablet-Hülle

— GUT GESCHÜTZT —

SCHWIERIGKEITSGRAD

GRÖSSE

24 cm x 18 cm

MATERIAL

> Stoff 1: Baumwollstoff in Mauve mit „O",
  40 cm x 40 cm

> Stoff 2: Baumwollstoff in Mauve mit Pepitamuster,
  30 cm x 40 cm

> Volumenvlies H 630,
  24 cm x 36 cm

> Vlieseline G 700, Rest

> Gummilitze, 10 mm breit,
  30 cm

> Gummiband in Mauve,
  2 cm breit, 50 cm

> Ripsband in Mauve,
  15 mm breit, Rest

> 2x Pappstücke, 3 mm stark,
  23,5 cm x 17 cm

> Textilstift in Lila

> Buchstabenschablone
  (Buchstabengröße max.
  15 mm)

NAHTZUGABEN

Wenn nicht anders angegeben, ist 1 cm NZG für den Zuschnitt bereits enthalten.

ZUSCHNITT

Stoff 1

> 1x Vorderteil, 27 cm x 39 cm

> 3x Eckenhalter
  8,5 cm x 8,5 cm

Stoff 2

> 2x Futter, 27 cm x 19,5 cm

Volumenvlies

> 1x Vorderteil, 24 cm x 36 cm

Vlieseline

> 3x Eckenhalter
  8,5 cm x 8,5 cm

Anleitung

Volumenvlies von links mittig auf das Vorderteil und Vlieseline von links jeweils auf die quadratischen Eckenhalter bügeln.

Die Quadrate jeweils l-a-l zum Dreieck aufeinanderbügeln. Gummilitze in 3 gleich große Teile schneiden, jeweils entlang des Umbruchs in die Dreiecke einlegen und leicht gedehnt feststecken. Überstand zurückschneiden.

Die Dreiecke von rechts Schnittkante auf Schnittkante in die Ecken des rechten Futterteils stecken (Ecke oben rechts frei lassen) und knappkantig an den Außenkanten festnähen. Das Gummiband 12 cm lang zuschneiden und leicht gedehnt mit einem Abstand von jeweils 5 cm zur Ecke knappkantig quer über die freie Ecke nähen.

Für den Verschluss das Gummiband 27 cm lang zuschneiden und von rechts mit einem Abstand von 6,5 cm parallel zur Längskante knappkantig oben und unten auf das linke Futterteil nähen.

Für die Stifthalterung das restliche Gummiband zur Hälfte legen und von rechts mittig an der Längskante des rechten Futterteils so zwischen Gummiband und Dreieck nähen, dass der Bruch nach innen zeigt.

Das rechte und linke Futterteil r-a-r zusammennähen, dabei die mittleren Dreiecke mitfassen. Die Naht ausbügeln.

Oberteil und Futter r-a-r aufeinanderstecken und bis auf die untere Längskante rundum zusammennähen, dabei alle Bänder und die Halterung mitfassen. Die NZG zurückschneiden. Tablet-Hülle wenden und die Nahtkanten ausbügeln. Die NZG der offenen Kante nach innen bügeln. Oberteil und Futter entlang der Mittelnaht aufeinandersteppen.

Verstärkungen aus Pappe jeweils durch die Öffnung bis dicht an die oberen und seitlichen Nahtkanten einschieben. Um die Pappverstärkungen zu fixieren, mit dem Reißverschluss-Füßchen jeweils senkrecht dicht entlang der Pappe steppen, dabei die Dreiecke auf der rechten Futterseite aussparen. Die offene Kante von Hand schließen.

Zum Schluss noch mithilfe der Buchstabenschablone passende Initialien mit Textilstift mittig auf das Ripsband schreiben, daneben kleine Herzen malen und die Farbe durch Bügeln fixieren. Die Bandenden jeweils nach links einschlagen und von Hand links oben auf die Vorderseite nähen.

Ordnerhülle

— HÜBSCH VERPACKT —

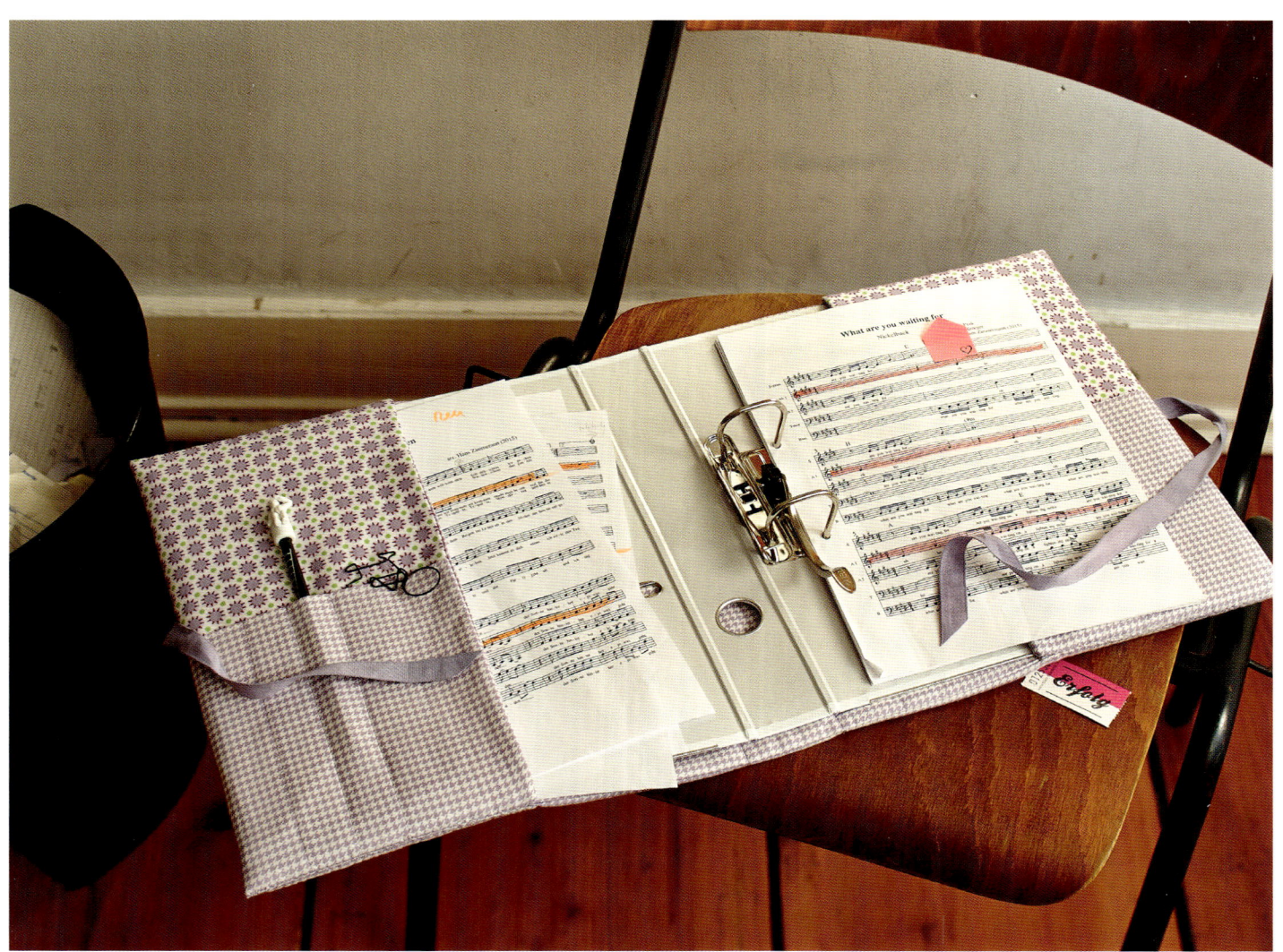

GRÖSSE

32 cm x 29 cm
(Rückenstärke des Ordners: 5 cm)

MATERIAL

> Stoff 1: Baumwollstoff in Mauve mit Kreisen, 40 cm x 100 cm
> Stoff 2: Baumwollstoff in Mauve mit Pepitamuster, 80 cm x 100 cm
> Volumenvlies H 630, 40 cm x 100 cm
> Vlieseline G 700, 40 cm x 100 cm
> Ripsband in Mauve, 200 cm
> Knopf in Mauve mit Pepitamuster, ø 25 mm

NAHTZUGABEN

Wenn nicht anders angegeben, ist 1 cm NZG für den Zuschnitt bereits enthalten.

ZUSCHNITT

Stoff 1

> 1x Vorderteil, 36 cm x 100 cm

Stoff 2

> 1x Futter, 36 cm x 100 cm
> 1x Tasche, 36 cm x 100 cm

Volumenvlies

> 1x Vorderteil, 36 cm x 100 cm

Vlieseline

> 1x Futter, 36 cm x 100 cm

Anleitung

Volumenvlies von links auf das Vorderteil und Vlieseline von links auf das Futter bügeln.

Für die Tasche entlang des Ripsbandes 77 cm abmessen, das Band übereinanderlegen und den Umbruch markieren. Das Band jeweils mit einem Abstand von 8 cm und 20 cm zum Umbruch senkrecht aufeinandersteppen.

Die Bandenden bis zur Steppnaht auseinanderziehen, beide Steppnähte und den Umbruch bündig so übereinanderlegen, dass eine doppelte Schleife entsteht. Die Schleifenmitte durchsteppen.

Die Längskanten der Tasche l-a-l aufeinanderbügeln, mit der Bruchkante nach oben um die untere Kante des Ordners schlagen. Vordere Ordnermitte, vordere bzw. rückwärtige Ordnerkanten und die Rückenbreite des Ordners auf dem Umbruch markieren.

Ripsband an der Umbruchkante der Tasche feststecken, dabei mit der Schleifenmitte auf der vorderen Mitte beginnen

und das Band rechts und links davon jeweils bis zur vorderen bzw. rückwärtigen Markierung zweimal knappkantig aufsteppen. Die Bandenden überstehen lassen.

Die Tasche der Länge nach auf die untere Kante des Vorderteils legen. Das Futter r-a-r auf das Vorderteil stecken und rundum zusammennähen, dabei die Tasche mitfassen und 10 cm zum Wenden offen lassen. Die NZG zurückschneiden. Die Hülle wenden, die Nahtkanten ausbügeln und die Wendeöffnung von Hand schließen.

Die Tasche entlang der verschiedenen Markierungen (außer der Ordnermitte) in der Senkrechten durchsteppen. Dabei an der Innenseite der Hülle je nach Bedarf weitere Absteppungen für Stifte vornehmen.

Entlang der vorderen bzw. rückwärtigen Ordnerkante den Überstand nach innen einschlagen und die obere und untere Kante von Hand schließen. Den Knopf auf die Schleifenmitte nähen. Den Ordner mit der Hülle beziehen und das überstehende Band zur Schleife binden.

Hülle für Stiftehalter

— JETZT GIBT'S ORDNUNG —

SCHWIERIGKEITSGRAD

GRÖSSE

kleines Glas: H 13 cm x ø 22 cm
Mittleres dickes Glas:
H 16,5 cm x ø 17,5 cm
Großes schlankes Glas:
H 16 cm x ø 29 cm

MATERIAL
KLEINES GLAS

> Stoff 1: Baumwollstoff in Mauve
  mit Kreisen, 20 cm x 54 cm

> 2-teiliges Klettband, 2 cm breit,
  8,5 cm

MITTLERES DICKES GLAS

> Stoff 1: Baumwollstoff in Mauve
  mit Tieren, 26 cm x 58 cm

> 2-teiliges Klettband, 2 cm breit,
  12 cm

GROSSES SCHLANKES GLAS

> Stoff 1: Baumwollstoff in Mauve
  mit Blättern, 20 cm x 55 cm

> 2-teiliges Klettband, 2 cm breit,
  9 cm

ZUSCHNITT
KLEINES GLAS

Stoff 1

> 1x Stiftenülle, 20 cm x 54 cm

MITTLERES GLAS

Stoff 1

> 1x Stiftehülle, 26 cm x 58 cm

GROSSES GLAS

Stoff 1

> 1x Stiftehülle, 20 cm x 55 cm

TIPP

Da es unterschiedlich
große Stifte, Lineale oder
Ähnliches gibt, kann man die
Stiftehalterungen in unterschiedlich große Felder
einteilen.

Kleines Glas

Die Stiftehülle der Länge nach r-a-r aufeinanderlegen und auf die Hälfte bügeln. Die Längskanten zusammennähen
und die NZG zurückschneiden. Die Hülle
wenden und die Nahtkanten ausbügeln.
Eine offene Schmalkante 1 cm breit nach
links umbügeln, die andere versäubern.

Das Klettband auseinanderziehen. Einen
Teil des Klettbandes von rechts bündig
über die versäuberte NZG stecken und
zweimal knappkantig absteppen. Das
Gegenstück passend von links an den
Umbruch stecken und zweimal knappkantig aufsteppen.

Für die Stiftehalterungen den Stoffstreifen in entsprechende Felder einteilen, Markierungslinien für 7 Stifte wie folgt in der Senkrechten einzeichnen: Mit 4,5 cm Abstand zur Schmalkante beginnen, dann jeweils 4 cm für einen Stift und 2,5 cm Abstand zum nächsten Stift anzeichnen, wieder 4 cm für Stift usw., bis die Felder für insgesamt 7 Stifte eingezeichnet sind.

Die Markierungslinien pro Stift jeweils übereinanderstecken und als Überstand absteppen. Den Stoff aufklappen und das nächste Feld absteppen. So fortfahren, bis alle Halterungen abgesteppt sind. Zum Schluss die Hülle um die Flasche legen und mit dem Klettverschluss verschließen.

Mittleres Glas

Das mittlere Glas auf die gleiche Weise wie das kleine arbeiten. Nur die Felder für insgesamt 7 Stiftehalterungen wie folgt unterteilen: Mit 5 cm Abstand zur Schmalkante beginnen, dann 3 cm für einen Stift, 7 cm Abstand zum nächsten Stift, 3 cm für einen Stift, 1,5 cm Abstand, 4 cm für einen Stift, 1,5 cm Abstand, 3 cm für einen Stift, 1,5 cm Abstand, 4 cm für einen Stift, 1,5 cm Abstand und zum Schluß noch einmal 3 cm für einen Stift anzeichnen.

Großes Glas

Das große Glas auf die gleiche Weise wie das kleine arbeiten. Nur die Felder für insgesamt 8 Stiftehalterungen wie folgt unterteilen: Mit 4 cm Abstand zur Schmalkante beginnen, dann 3 cm für einen Stift, 1,5 cm Abstand zum nächsten Stift, 4 cm für einen Stift, 4 cm Abstand, 7 cm für einen Stift, 1,5 cm Abstand, 4 cm für einen Stift, 3 cm Abstand, 5 cm für einen Stift, 2 cm Abstand, 6 cm für einen Stift, 2 cm Abstand, 4 cm für einen Stift, 2 cm Abstand und zuletzt noch einmal 3 cm für einen Stift anzeichnen.

HINWEIS

Der Materialverbrauch ist von der jeweiligen Flaschengröße abhängig. Man rechnet die Flaschenhöhe (ohne Hals) plus 2 cm NZG x doppelten Flaschenumfang plus 2,5 cm für Ober- und Untertritt plus 2 cm NZG. Zusätzlich benötigt man für die Stiftehalterungen noch eine Mehrweite von 4 cm pro Stift.

Handy-Station

— ORDENTLICH AUFGELADEN —

SCHWIERIGKEITSGRAD

GRÖSSE

26 cm x 12 cm

MATERIAL

> Stoff 1: Baumwollstoff in Mauve mit Chevron-muster, 26 cm x 12 cm

> Stoff 2: Baumwollstoff in Mauve mit Pepitamuster, 26 cm x 12 cm

> Stoff 3: Baumwollstoff in Mauve mit Vogel, 36 cm x 12 cm

> Volumenvlies HH650, 26 cm x 12 cm

> Vlieseline G 700, 23 cm x 16 cm

> Stickvlies (Ultra Stable), 10 cm x 12 cm

> Samtband in Mauve, 9 mm breit, 20 cm

> Schrägband in Mauve mit Pepitamuster, 20 mm breit, 80 cm

NAHTZUGABEN

Wenn nicht anders ange-geben, ist 1 cm NZG für den Zuschnitt bereits ent-halten.

ZUSCHNITT

Stoff 1

> 1x Vorderteil, 26 cm x 12 cm

Stoff 2

> 1x Rückenteil, 26 cm x 12 cm

> 1x obere Blende, 10 cm x 12 cm

Stoff 3

> 1x Tasche, 23 cm x 16 cm

Volumenvlies

> 1x Vorderteil, 26 cm x 12 cm

Vlieseline

> 1x Tasche, 23 cm x 16 cm

Stickvlies

> 1x obere Blende, 10 cm x 12 cm

HINWEIS

Alle Außenkanten beim Zuschneiden leicht abrunden. Beim Taschenzuschnitt den Rapport beachten, sodass in der vorderen Mitte ein Vogel zu sehen ist.

Anleitung

Das Vorder- und Rückenteil l-a-l aufeinanderlegen, Volumenvlies dazwischenlegen und aufeinanderbügeln. Stickvlies und Vliese-line von links auf die passenden Stoffteile aufbügeln.

Nun die obere Blende r-a-r auf das Rückenteil stecken. Ein 5 cm x 4 cm großes Rechteck mittig aufzeichnen und entlang der Markierung absteppen. Rechteck vorsichtig ausschneiden, dabei rundum 3 mm NZG stehen lassen und die Ecken bis kurz vor der Naht einschneiden. Die Blende durch das Rechteck auf die rechte Seite ziehen. Die Kanten ausbügeln und knappkantig absteppen. Samtband über die untere Blendenkante zweimal knappkantig absteppen.

Die Schmalkanten der Tasche l-a-l aufeinanderlegen, bügeln und r-a-r bündig zur unteren Vorderteilkante feststecken. Dabei die Mehrweite in zwei nach außen liegende Fältchen ablegen.

Restliches Samtband zur Hälfte legen und mit 2 cm Abstand unterhalb des Tascheneingriffs so an der Längskante festste-cken, dass die Schlaufe nach innen zeigt.

Das vorgefalzte Schrägband der Länge nach auf die Hälfte bügeln und die äußere Schnittkante der Handy-Station damit rundum einfassen. Das Ende einschlagen.

Pinwand mit Rahmen

— RICHTIG FESTGESTECKT —

SCHWIERIGKEITSGRAD

GRÖSSE

59 cm x 71 cm

MATERIAL

> Stoff 1: Baumwollstoff in Mauve mit Chevronmuster, 61 cm x 72 cm

> Volumenvlies H640, 51 cm x 62 cm

> Satinband in Grau, 15 mm breit, 700 cm

> 21 Roccailles perlmutt in Grau, ⌀ 6 mm

> Bilderrahmen mit Einlage, 59 cm x 71 cm

> Möbeltacker

NAHTZUGABEN

Die Rahmeneinlage rundum mit 5 cm NZG zuschneiden.

ZUSCHNITT

Stoff 1

> 1x Rechteck, 61 cm x 72 cm

Volumenvlies

> 1x Rechteck, 51 cm x 62 cm

Anleitung

Die Einlage aus dem Bilderrahmen nehmen. Volumenvlies von links mittig auf das Rechteck bügeln und das Rechteck mit der rechten Seite nach oben auf der Einlage platzieren. NZG zur Rückseite einschlagen und rundum mit dem Tacker fixieren, dabei den Stoff straff ziehen.

TIPP

Der Verbrauch von Stoff, Volumenvlies, Satinband und die Anzahl der Perlen ist von der Rahmen- bzw. der Pinwandgröße abhängig. Es gilt: Je kleiner der Rahmen, desto geringer sollte der Bänderabstand sein.

Satinbänder diagonal im 45°-Winkel und parallel zueinander mit einem Abstand von 10 cm über die Vorderseite der Einlage legen und mit 3 cm NZG zuschneiden. Alle Bänder mit dem Tacker auf der Rückseite fixieren, dabei die Bänder jeweils straff ziehen. Dasselbe in die entgegengesetzte Richtung wiederholen, sodass sich die Bänder überkreuzen und ein Rautenmuster entsteht.

Jeweils 1 Perle von Hand auf 1 Kreuzpunkt nähen. Die Rahmeneinlage wieder in den Rahmen legen und befestigen.

NÄHTECHNIKEN

VIELE NÄHANLEITUNGEN IN DIESEM BUCH SIND BESONDERS FÜR NÄHANFÄNGERINNEN GEEIGNET UND EINFACH NACHZUARBEITEN. DAMIT SIE DIE WICHTIGSTEN FACHBEGRIFFE UND TECHNIKEN KENNEN, WIRD IHNEN IN DIESEM KAPITEL ALLES VERMITTELT, WAS SIE ZUR UMSETZUNG BENÖTIGEN. BEGONNEN WIRD MIT EINER KLEINEN STOFFKUNDE, GEHT WEITER MIT SCHNITTMUSTERÜBERTRAGUNG BIS HINZU ERLÄUTERUNGEN ZUM APPLIZIEREN UND NÄHEN VON AUFGESETZTEN TASCHEN. MIT DIESEM WISSEN SIND SIE BESTENS GERÜSTET FÜR ALLE PROJEKTIDEEN IN DIESEM BUCH. VIEL SPASS BEIM NÄHEN!

STOFFVERBRAUCH

In Nähanleitungen findet sich gewöhnlich eine Stoffempfehlung mit Angabe der benötigten Menge. Diese Mengenangabe hängt jedoch von der Stoffbreite ab. Hat der gewählte Stoff eine andere Breite, können die Schnittteile vor dem Kauf z. B. auf einer zur entsprechenden Breite zusammengefalteten Tischdecke probeweise ausgelegt und so der Stoffbedarf ausgemessen werden.

Bei einigen Stoffen, z. B. solchen mit Strichrichtung, ungleichmäßigen Karos oder Streifen, müssen beim Auflegen der Schnittteile alle eingezeichneten Fadenlauf-Pfeile in die gleiche Richtung zeigen, wodurch sich der Stoffverbrauch je nach Modellgröße erhöhen kann. Folgende Besonderheiten sind zu beachten:

Stoffe mit Musterrichtung

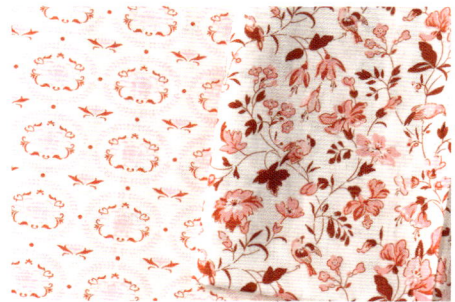

Einige Stoffe zeigen Motive, wie z. B. Blumen, Tiere oder Ornamente, die alle in die gleiche Richtung ausgerichtet sind. Auch hier müssen die Schnittteile alle in einer Richtung auf den Stoff gelegt werden, sonst stehen einige Motive später am fertigen Modell auf dem Kopf.

Karierte Stoffe

Bei gleichmäßigen Karos (im Bild unten) erlaubt das symmetrische Muster das Auflegen der Schnittteile in beide Richtungen. Bei ungleichmäßigen Karos (im Bild oben) treffen aber nicht alle längs verlaufenden Streifen aufeinander, daher die Schnittteile nur in einer Richtung auflegen. Bei zwei oder mehreren Stoffteilen, wie z. B. Vorhängen, muss sichergestellt werden, dass die Muster an den Saumkanten übereinstimmen. Beim Falten von Stoffen mit Karomustern darauf achten, dass die quer- und längs verlaufenden Streifen an den Nähten exakt und deckungsgleich aufeinandertreffen.

Gestreifte Stoffe

Für gestreifte Stoffe gilt im Prinzip dasselbe wie für Karos. Haben die Stoffe ein asymmetrisches Streifenmuster (im Bild oben), können die Schnittteile nur in einer Richtung aufgelegt werden, bei gleichmäßigen Streifen (im Bild unten) in beide Richtungen. Jedoch darauf achten, dass die Streifen bei allen Teilen übereinstimmend horizontal oder vertikal verlaufen.

Stoff vorwaschen

Bevor Stoff verarbeitet bzw. zugeschnitten wird, sollte er je nach Pflegeempfehlung gewaschen und gebügelt werden. Vor allem Baumwolle und Leinen können beim Waschen etwas einlaufen. Nichtwaschbare Stoffe und Baumwollreißverschlüsse mit dem Dampfbügeleisen oder unter einem feuchten Tuch überbügeln. Auch Bänder entsprechend vorbehandeln. Für reine Dekorationsobjekte, die später nicht gewaschen werden, ist das Vorbehandeln der Materialien aber nicht erforderlich.

KLEINE STOFFKUNDE

Im Handel werden Stoffe in verschiedenen Breiten angeboten, überwiegend zwischen 90 cm und 150 cm. Stoffe bis 100 cm werden als einfach breit, solche zwischen 100 cm und 160 cm als doppelt breit bezeichnet. Die Länge wird individuell je nach Bedarf im Geschäft zugeschnitten.

Die unterschiedlichen Stoffe haben jeweils einen eigenen Charakter und besondere Qualitätsmerkmale. Wofür ein Stoff sich eignet und wie er am besten gepflegt wird hängt von den verwen-deten Fasern ab. Einige Materialien erfordern sogar besondere Verarbeitungstechniken. Für ein perfektes Nähergebnis sind daher Kenntnisse der wichtigsten natürlichen und chemischen bzw. synthetischen Fasern sowie deren Eigenschaften unerlässlich. Beim Stoffkauf können die verwendeten Fasern dem Etikett auf dem Stoffballen entnommen werden. Bei Mischgewebe sind sie in der Reihenfolge des enthaltenen Anteils aufgeführt. Baumwollstoffe lassen sich besonders gut verarbeiten, da sie problemlos für den Zuschnitt markiert werden können, leicht zu pflegen sind und ihre Kanten wenig ausfransen.

TIPP

Nähmaschinen mit einem eingebauten doppelten Stofftransport führen den Stoff gleichzeitig von oben und unten. Beim Nähen von Streifen- und Karostoffen sollte auch der Obertransport eingeschaltet sein, denn er verhindert das Verschieben der Stoffe. So passt das Muster an der Naht später exakt zusammen.

TIPP

Mit Wachstuch, Filz, Filzstoff und Walkloden lassen sich schnell schöne Modelle anfertigen. Diese Materialien sind gut zu verarbeiten und eignen sich besonders für Nähanfänger. Sie fransen nicht aus und brauchen deshalb nicht versäubert werden. Normaler Bastelfilz ist nicht waschbar, kann jedoch gut für dekorative Accessoires verwendet werden.

STOFFZUSCHNITT

Ist der passende Stoff gefunden, müssen nun die einzelnen Schnittteile vom Papierschnitt abgepaust, auf den Stoff aufgelegt und zugeschnitten werden. Eventuell ist es dabei notwendig, Naht- und Saumzugaben hinzuzufügen sowie Markierungen auf die Stoffteile zu übertragen.

Die wichtigsten Fachbegriffe

Fadenlauf Bei gewebten Stoffen werden längs laufende Fäden Kettfäden, quer laufende Fäden Schussfäden genannt. Der Fadenlauf bezeichnet die Richtung des Kettfadens und verläuft normalerweise parallel zu den Webkanten. Sind an einem Stoffrest keine Webkanten mehr zu sehen und ist der Fadenlauf schwer erkennbar, wenn möglich am Rand einen Gewebefaden anziehen, der dann die Richtung weist. In Schnitten ist der Fadenlauf mit Pfeilen gekennzeichnet. Beim Auflegen der Schnittteile müssen diese Pfeile, wenn nicht anders angegeben, parallel zum Fadenlauf liegen.

Fadengerade zuschneiden Um exakte und gerade Kanten zu schneiden, die Schere an einem Faden entlang bzw. zwischen zwei Fäden führen.

Stoffbruch Für symmetrische Schnittteile ist oft nur der halbe Schnitt abgebildet. Eine gerade Kante markiert die Achse, an der das Schnittteil zur Vervollständigung gespiegelt werden muss. Diese Kante ist meist mit „Stoffbruch" beschriftet und/oder durch eine gestrichelte Linie markiert. Um die fehlende Hälfte gegengleich und ohne Naht zu ergänzen, wird der Stoff vor dem Zuschnitt gefaltet. Die gerade Kante des Schnittteils wird nun genau an diesem Knick, dem sogenannten Stoffbruch, angelegt und das Schnittteil aus dem doppelt gelegten Stoff ausgeschnitten. Bei Webstoff entspricht der Stoffbruch dem Fadenlauf.

Naht- und Saumzugabe Zugaben sind die Stoffränder zwischen Nahtlinie (= Linie, auf der genäht wird) und Schnittkante. In einigen Schnitten sind die Zugaben bereits enthalten, sodass die Schnittteile direkt an der Papierkante zugeschnitten werden können. Sind die Zugaben im Schnitt noch nicht eingerechnet, müssen zuerst ringsum Ncht- und Saumzugaben aufgezeichnet werden: Je nach Zweck

und Material rechnet man für normale Nähte meist 1-2 cm, für gerade Säume 2-4 cm und für runde Säume 2 cm ab der Papierkante. Der Stoff wird anschließend an den eingezeichneten Linien zugeschnitten.

Rechte/Linke Stoffseite Die schöne Oberseite, die beim fertigen Modell außen zu sehen ist, wird als rechte, die Rückseite als linke Stoffseite bezeichnet.

Rechts auf rechts Ein Stoffteil wird mit der rechten Seite auf die rechte Seite eines anderen Stoffteils gelegt. Die linken Stoffseiten zeigen also jeweils nach außen.

Webkante Beim Weben eines Stoffes entstehen seitlich in Längsrichtung die Webkanten, die parallel zum Fadenlauf liegen. Die Webkanten sind sauber abgeschlossen und fransen im Gegensatz zu Schnittkanten nicht aus. Da sie etwas fester sind als der restliche Stoff sollten sie, außer als Nahtzugaben, beim Zuschneiden nicht einbezogen werden.

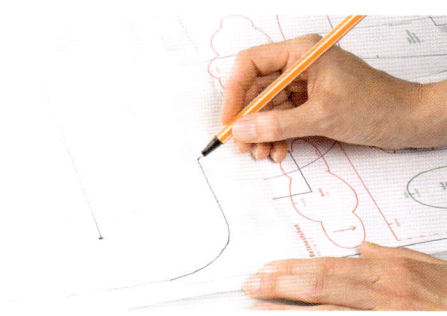

Schnittmuster abpausen

Um Platz zu sparen, werden Schnittmuster häufig auf Bögen überlappend mit Schnittmustern anderer Modelle aufgezeichnet. Aus diesem oder anderen Gründen kann es sinnvoll sein, einen Papierschnitt nicht direkt auszuschneiden, sondern ihn abzupausen. Für diesen Zweck gibt es im Fachhandel spezielles Schnittmusterpapier, verwendet werden können aber auch Seiden- oder Transparentpapier. Das Papier auf die Vorlage bzw. das Muster legen. Ist ein großer Schnittmuster-Bogen vom Falten sehr uneben, das Papier einfach mit einem Bügeleisen ohne Dampffunktion glätten. Mit Filz- oder Bleistift alle Linien, Markierungen und Beschriftungen der einzelnen Teile nachzeichnen und anschließend die Schnittteile ausschneiden. Werden Vorlagen mehrmals verwendet, kann man zur Verstärkung die Rückseite mit dickerem Papier, z. B. Packpapier, bekleben. Für kleinere Motive kann eine Schablone aus Pappe sehr praktisch sein. Die Konturen einfach mithilfe von Pauspapier auf die Pappe übertragen, dann die Schablone ausschneiden.

Schnittteile auflegen

Den Stoff zuerst bügeln, dann schön glatt und faltenfrei zurechtlegen. Darauf achten, dass alle Schnittteile im richtigen Fadenlauf darauf Platz haben. Die Schnittteile werden immer auf der linken Stoffseite aufgelegt, sodass dort auch Zugaben und Markierungen angezeichnet werden können. Große Teile zuerst, kleinere danach auflegen. Falls Naht- und Saumzugaben noch nicht im Schnitt enthalten sind, zwischen den einzelnen Schnittteilen Abstand dafür lassen. Um die Stofffläche optimal auszunutzen kann es sinnvoll sein, die Schnittteile nach und nach auszuschneiden und sich dafür immer wieder einen neuen Stoffbruch zu falten. Für einmal benötigte asymmetrische Schnittteile den Stoff einfach legen, für zweimal benötigte Teile doppelt legen und beide Teile zusammen ausschneiden. Um zu überprüfen, ob die Teile auch richtig im Fadenlauf liegen, an beiden Enden des auf dem Schnittteil aufgezeichneten Fadenlaufs zu Bruch oder Webkante messen und die Stelle mit je einer Stecknadel markieren

(siehe Foto). Der Abstand sollte an beiden Pfeilenden gleich sein.

Für halbe Schnittteile eine Stoffseite gerade so weit umklappen, dass die Teile im entstandenen Stoffbruch aufgelegt werden können. Beim Falten liegt die rechte Stoffseite immer innen. Vor dem Auflegen des Schnittteils sollte an mehreren Stellen der Abstand vom Bruch zur oben liegenden Webkante gemessen werden um zu garantieren, dass der Stoff auch genau im Fadenlauf und nicht schief gefaltet wurde.

Die Schnittteile nun ringsum mit Stecknadeln so feststecken, dass die Schnittlinie zum Schneiden frei bleibt. Bei doppelt gelegtem Stoff darauf achten, dass die Nadeln beide Lagen erfassen. Bei Lackstoffen, Leder oder Wachstuch bleiben Nadeleinstiche sichtbar, deshalb Schnittteile mit Klebeband oder Büroklammern befestigen.

TIPP

Schnittvorlagen für Stoffe mit schwierigen Mustern wie Karos und Streifen am besten mit einem wasserfesten Stift auf durchsichtige Schnittfolie zeichnen. Beim Zuschneiden ist so der Verlauf des Musters wesentlich besser sichtbar als bei herkömmlichem Schnittmusterpapier.

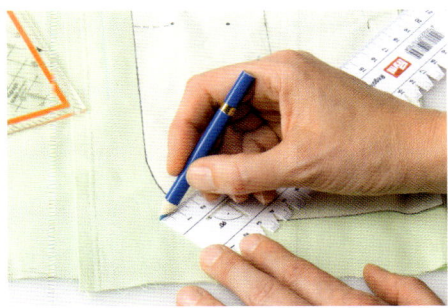

Naht- und Saumzugaben aufzeichnen

Bei Schnittteilen, die keine Zugaben enthalten, müssen Naht- und Saumzugaben ringsum mit Handmaß und Trickmarker oder Schneiderkreide auf den Stoff gezeichnet werden. Oft sind die Maße der benötigten Zugaben in der Anleitung angegeben. Ist dies nicht der Fall, können sie je nach Zweck und Material selbst gewählt werden (siehe auch Seite 96 „Naht- und Saumzugabe"). Entlang der eingezeichneten Markierung wird dann zugeschnitten. Sind die Nahtzugaben gleichmäßig aufgezeichnet, liegen die Schnittkanten später beim Nähen exakt aufeinander. Für das Gelingen einer geraden Naht kann man sich dann an den Schnittkanten orientieren und so einen Arbeitsschritt, das Übertragen der Nahtlinien, sparen.

Stoffteile zuschneiden

Den Stoff entlang der Papierkante oder der eingezeichneten Markierung mit einer scharfen Schneiderschere zuschneiden. Dabei den Stoff so wenig wie möglich anheben, da sich sonst die Schnittkanten leicht verschieben können. Mit der freien Hand den Stoff dicht neben der Schnittlinie festhalten und mit langen Schnitten arbeiten.

TIPP
Besteht ein Schnitt aus vielen Einzelteilen, kennzeichnen Sie diese auf den linken Stoffseiten mit beschriftetem Klebeband. Das erleichtert die Übersicht und das benötigte Teil ist schnell gefunden.

Schnittkonturen und Markierungen übertragen

Bevor der Papierschnitt nach dem Zuschneiden der Stoffteile wieder abgenommen wird, müssen Naht- und Saumlinien (= Konturen) und alle im Schnittteil eingezeichneten Markierungen, bis auf den Fadenlauf, auf den Stoff übertragen werden. Wird später Vlieseline aufgebügelt, die am Rand des Schnittteils befindlichen Markierungen, wie Ansatzpunkte für andere Teile oder vordere und rückwärtige Mitte, bis auf die Nahtzugabe verlängern, damit sie sichtbar bleiben. Alternativ können diese Stellen auch mit kurzen Einschnitten in den Nahtzugaben gekennzeichnet werden. Zum Übertragen von Markierungen gibt es unterschiedliche Möglichkeiten:

Markierung bei doppelter Stofflage

Ein Stück Schneiderkopierpapier mit der beschichteten Farbseite nach oben auf eine gerade Oberfläche legen. Das zugeschnittene Stoffteil darauflegen. Das Kopierrädchen zuerst entlang der Papierkante führen und so die Nahtlinien übertragen. Dann alle weiteren Markierungen nachrädeln. Die Linien sind nun auf der unteren Stofflage sichtbar, der Papierschnitt kann abgenommen werden.

Beide Stofflagen nun wieder bündig mit Stecknadeln aufeinanderstecken, ohne die markierten Linien zu treffen. Den Stoff umdrehen und erneut auf das Kopierpapier legen, sodass die bereits kopierten Linien oben liegen. Die Linien noch einmal nachrädeln, um sie auch auf die zweite, jetzt unten liegende Stofflage zu kopieren.

Sollen bei zwei oder mehreren Stoffteilen gleichzeitig linke und rechte Seiten markiert werden, gelingt das Übertragen sehr exakt mit dem Durchschlagstich. Diese Methode ist besonders bei dünnen und empfindlichen Stoffen empfehlenswert, bei denen das Kopieren nicht möglich ist.

Markierung auf der rechten Stoffseite

Markierungen wie Knopflöcher oder Aufsetzpunkte für Applikationen müssen auf die rechte Stoffseite übertragen werden, da sie später auch von dieser Seite gearbeitet werden. Bei doppelt gelegtem Stoff befinden sich die rechten Seiten immer innen. An den entsprechenden Stellen Stecknadeln durch den Papierschnitt und beide Stofflagen stechen. Dann die obere Stofflage zurückschlagen und jeweils beide Durchstichstellen mit Schneiderkreide oder Trickmarker anzeichnen.

Markierung bei einfacher Stofflage

Die Nahtlinie entlang der Papierkante mit Schneiderkreide oder Trickmarker aufzeichnen.

Um die Markierungen zu übertragen, an den entsprechenden Stellen Stecknadeln durch Papier und Stoff stechen, den Papierschnitt vorsichtig bis zur Nadel anheben und die Einstichstellen auf der linken Stoffseite markieren. Müssen sie auch auf der rechten Stoffseite sichtbar sein, einfach die Ausstichstellen ebenfalls markieren (siehe Foto).

TIPP

Ein praktisches Hilfsmittel zum Markieren bei doppelter Stofflage ist ein Parallelkopierrad. Beim Übertragen von Schnittteilen zeichnet es die Naht- und Schnittlinien gleichzeitig auf den Stoff. Dazu besitzt es ein zweites, je nach Zugabenbreite verstellbares Rädchen, das die Zugaben automatisch im richtigen Abstand zur Nahtlinie markiert.

EINLAGEN

Einlagen verwendet man, um Nähmodellen an bestimmten Stellen Festigkeit und Formbeständigkeit zu verleihen. Es gibt Vlieseinlagen und gewebte Stoffeinlagen zum Aufbügeln oder Einnähen, bekannt unter dem Markennamen Vlieseline. Bei der Wahl einer geeigneten Einlage müssen Qualität sowie Bügel- und Pflegeeigenschaften des Stoffes berücksichtigt werden. Besonders beliebt sind Bügeleinlagen, da sie leicht zu verarbeiten sind und das Ausfransen der Stoffkanten vermindern.

Das angebotene Sortiment an Einlagen ist sehr vielfältig. In der folgenden Aufstellung finden sich Informationen zu einigen gängigen Einlagen und ihren Bezeichnungen.

Bügeleinlage

H 180 Dünnes Vlies aus Synthetikfasern für sehr feine Stoffe, die sich beim Zuschneiden oder Nähen leicht verziehen.

H 250 Stabiles Vlies für leichte bis mittelschwere Stoffe, z. B. zum Verstärken von Gürteln.

S 320 Leichte und sehr feste Einlage für Deko- und Baumwollstoffe, auch Schabrackeneinlage genannt. Eignet sich etwa für kleine Stoffkörbchen, Taschen oder Bastelarbeiten.

Näheinlage

S 105 Feste, stabilisierende Einlage für Stoffe, die sich nur bedingt oder gar nicht für eine Bügeleinlage eignen wie z. B. Frottier und folienbedruckte Stoffe. Zweckmäßig z. B. für robuste Einkaufstaschen.

Volumenvlies

H 630 Dickeres Bügelvlies für leichte bis mittelschwere Stoffe. Das synthetische Material verleiht z. B. Stepp- und Patchworkarbeiten einen wattierten Effekt sowie Taschen und Stoffbehältern eine gleichmäßige, feste Oberfläche.

Fixier-Stickvlies

Aufbügelbares Vlies zur Stabilisierung von Stickereien und Applikationen. Verhindert besonders bei dehnbaren Stoffen ein Verziehen während des Bestickens oder Nähens.

VERSTÄRKEN MIT VLIESELINE

In Schnitten und Anleitungen ist meist vorgegeben, welche Schnittteile mit welcher Art von Einlage versehen werden sollen. Aufbügelbare Einlagen sind hierbei am einfachsten zu handhaben. Sie besitzen eine gekörnte Klebeseite, die sich durch Bügeln mit dem Stoff verbindet, sodass nichts mehr verrutschen kann. Eine Bügelempfehlung ist bei den Vlieseline-Einlagen auf dem Kantendruck zu finden. Zuerst sollte eine Probe auf einem entsprechenden Stoffrest gemacht werden, um die Haftung zu prüfen.

TIPP

Wenn Sie dehnbaren oder feinen Stoff nur während des Nähens verstärken wollen, können Sie dafür wasserlösliches Vlies verwenden. Es eignet sich auch fürs Maschinensticken: Einfach das Vlies mit dem aufgezeichneten Muster auf den Stoff bügeln, Motiv aufsticken und anschließend das Vlies mit kaltem Wasser auflösen.

Vlieseline zuschneiden

Zum Zuschneiden der Vlieseline die entsprechenden Papierschnittteile auf die Vlieseline stecken, dabei wie beim Stoff den Fadenlauf berücksichtigen. Für halbe Schnittteile die Vlieseine doppelt legen und das Schnittteil im Bruch feststecken. Dann alle Teile mit Nahtzugaben ausschneiden, diese jedoch knapper bemessen als beim Stoff. Dadurch wird vermieden, dass die Einlage über den Stoff hinausragt und Bügelbrett oder Bügeleisen verklebt. Beim Auflegen von asymmetrischen Schnittteilen darauf achten, dass die gekörnte Klebeseite später auf die linke Stoffseite aufgebracht wird. Werden die Schnittteile auf die gekörnte Seite aufgelegt, müssen sie also umgedreht und spiegelverkehrt zugeschnitten werden.

TIPP

Schneiden Sie für kleine Stoffteile zuerst die Bügeleinlage dem Schnitt entsprechend mit großzügiger Nahtzugabe zu und bügeln Sie sie dann mit der gekörnten Klebeseite auf die linke Stoffseite. Anschließend den Papierschnitt wieder aufstecken und das Stoffteil mitsamt Vlieseline exakt ausschneiden.

Vlieseline aufbügeln

Den Vlieselinezuschnitt mit der gekörnten Seite auf die linke Stoffseite legen und nach den Bügelempfehlungen aufbügeln. Dabei laut Herstelleranweisung Schritt für Schritt oder langsam gleitend vorgehen und an jeder Stelle einige Sekunden leicht aufdrücken. Die verstärkten Stoffteile vor der Weiterverarbeitung etwa 20 Minuten abkühlen lassen.

NAHTZUGABEN BESCHNEIDEN

Nahtzugaben zurückschneiden

Vor allem bei sehr kleinen und schmalen Schnittteilen, z.B. bei Stofftierchen oder Püppchen, können die Nahtzugaben im gewendeten Zustand sehr auftragen und eine gute Ausformung verhindern. Daher kann es erforderlich sein, sie bis 3-4 mm vor der Nahtlinie abzuschneiden. Dabei aber immer genügend Zugabe lassen, um ein Auflösen der Naht zu vermeiden.

Nahtzugaben einschneiden

Bei Rundungen und Ecken die Nahtzugaben einschneiden bzw. einkerben, sie passen sich dadurch besser an die Form an. Dafür eine Schere mit scharfer Spitze verwenden und nie näher als ca. 2 mm an die Nahtlinie heran schneiden.

Innenrundungen

Die Nahtzugaben stets im rechten Winkel zur Nahtlinie einschneiden. Je enger die Kurve, desto mehr Einschnitte sind erforderlich.

Außenrundungen

Die Nahtzugaben einkerben. Effektiver als wenige große Kerben sind mehrere kleine.

Innenecken

Einmal bis kurz vor die Nahtlinie einschneiden, um die Nahtzugaben einschlagen zu können.

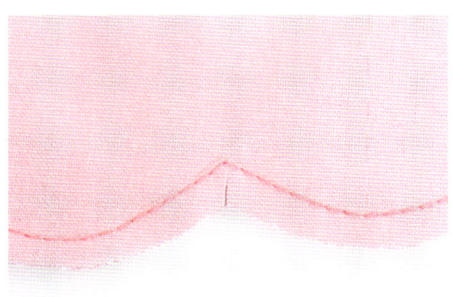

Außenecken

Die Nahtzugaben schräg abschneiden, damit sie in den gewendeten Ecken nicht auftragen.

Naht bügeln

Sind die Bügelempfehlungen für einen Stoff nicht bekannt, auf jeden Fall eine Probe auf einem Stoffrest machen. Die Nähte jeweils nach den einzelnen Arbeitsschritten von links bügeln, zuvor Markierfarben entfernen. Die Nahtzugaben zuerst zusammen flachbügeln, dann auseinanderbügeln. Verstürzte bzw. gewendete Stoffteile von rechts in Form bügeln, dabei darauf achten, dass die Nähte genau an den Kanten liegen. Für schmale oder röhrenförmig geschlossene Stoffteile ist ein Ärmelbrett unentbehrlich.

TIPP

Ein Bügeltuch schützt Ihre Stoffe vor zu großer Hitze und Glanzbildung. Äußerst praktisch ist durchscheinender Baumwollbatist, weil der darunterliegende Stoff zu sehen ist. Bei empfindlichen und bedruckten Stoffen können Sie zu diesem Zweck auch einen sogenannten Bügelschuh verwenden. Er besteht aus strapazierfähiger Silikonfolie und passt auf alle gängigen Bügeleisen.

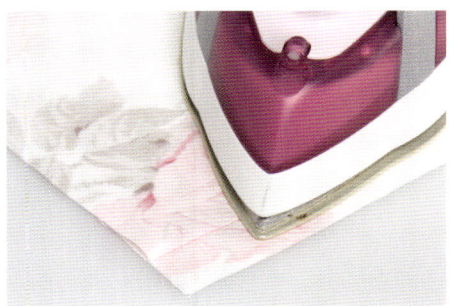

STOFFTEILE VERSTÜRZEN

Die Technik des Verstürzens benötigt man, wenn zwei gleiche Stoffteile später rundherum ohne eine Öffnung zusammengenäht sein sollen. Die Kanten können hierbei mit dehnbaren Bändern wie Paspeln, Schrägbändern oder Zackenlitzen betont werden.

1 Zunächst zwei Stoffteile zuschneiden und eine Wendeöffnung auf der Nahtzugabe markieren.

Sollen schmale Bänder oder Zackenlitzen als Kantenverzierung dienen, muss die Nahtlinie auf die rechte Seite eines der beiden Stoffteile übertragen werden, damit die Verzierung beim Nähen auch mitgefasst wird. Bei breiten Bändern kann stattdessen eine Längskante bündig zur Schnittkante aufgesteckt werden.

2 Die Verzierung ringsum entlang der Nahtlinie auf die rechte Seite eines Stoffteils aufstecken. Benötigt das fertige Modell einen Aufhänger, kann dieser gleich an der Oberseite mitgefasst werden. Das Band oder die Zackenlitze rechts knapp neben der Nahtlinie auf die Nahtzugabe heften und aufnähen.

3 Beide Stoffteile rechts auf rechts aufeinander legen und feststecken. Die Teile bis auf die markierte Wendeöffnung ringsum zusammensteppen, nun jedoch links neben der ersten Naht, sodass diese auf der rechten Seite nicht sichtbar ist. Unnötige Nahtzugaben auf ca. 3-7 mm Breite zurückschneiden. An der Öffnung sollten jedoch mindestens 7 mm Zugabe bleiben. Nun die Zugaben schräg abschneiden, einkerben oder einschneiden (siehe Seite 102).

4 Das Stoffteil durch die Öffnung wenden, die Nahtränder nach außen ziehen und Ecken und Rundungen in Form bringen. Die Kanten bügeln, dabei darauf achten, dass die Naht genau dazwischenliegt.

5 Die Form nun eventuell füllen und die Öffnung von Hand z. B. mit Staffiersticken schließen.

TIPP

Nach dem Wenden sind genähte Ecken meist stumpf. Mit Hilfsmitteln, wie einer dicken Stricknadel oder einer Durchziehnadel, können sie vorsichtig von innen nach außen geschoben und so in Form gebracht werden. Die Spitze des hierfür verwendeten Werkzeugs sollte stark abgerundet oder kugelförmig sein, um ein versehentliches Durchstoßen der Ecken zu vermeiden. Sehr handlich und effektiv ist ein spezieller Ecken- und Kantenformer.

APPLIZIEREN

Applikationen sind fertig gekaufte oder selbst gemachte Stoffmotive, die mit der Maschine oder von Hand, z. B. mit Langettenstichen, auf Näharbeiten aufgenäht werden. Sie eignen sich hervorragend zur Dekoration oder zum hübschen Kaschieren defekter Stellen. Besonders schnell und einfach geht das Applizieren mit Vliesofix-Haftvlies, das zwei Stoffe durch Bügeln miteinander verbindet. So können ein Verrutschen des Motivs beim Aufnähen sowie Faltenbildung verhindert werden. Das Motiv kann zuvor auf die spezielle Papierbeschichtung des Haftvlieses übertragen werden. Es ist empfehlenswert, beim Bügeln ein dünnes Tuch oder Backpapier zwischen Vliesofix und Bügeleisen zu legen, damit nichts am Eisen haften bleibt.

TIPP

Applikationen mit einfachen Formen lassen sich leichter aufnähen als komplizierte Muster. Je nach gewünschter Wirkung können Sie gleich- oder andersfarbiges Garn als Kontrast wählen. Besondere Details können durch bunte Perlen, hübsche Knöpfe oder kleine Stickereien hervorgehoben werden.

1 Das Muster auf die Vliesofix-Papierseite legen und, falls nicht anders angegeben, mit Bleistift oder Kugelschreiber ohne Nahtzugabe übertragen. Bei asymmetrischen Motiven, wie z. B. bestimmten Buchstaben und Zahlen, darauf achten, dass sie spiegelverkehrt aufgezeichnet werden, damit sie später richtig erscheinen. Das Motiv großzügig ausschneiden und mit der rauen Klebeseite auf die linke Seite des Applikationsstoffes legen. Dabei den Fadenlauf beachten. Nun das Motiv mit mittlerer Temperatur ca. 5 Sekunden trocken aufbügeln und abkühlen lassen.

2 Dann das Motiv exakt entlang der Außenkonturen ausschneiden und die Papierschicht vom Vliesofix abziehen.

3 Nun das Motiv umdrehen und mit der beschichteten Fläche nach unten auf den gewünschten Stoffuntergrund legen. Bei niedriger bis mittlerer Temperatur und mit Dampf ca. 10 Sekunden aufbügeln. Das Bügeleisen dabei nicht schieben, sondern immer wieder abheben und schrittweise aufdrücken.

4 Das Motiv entlang der Schnittkanten mit einem kleinen und eng eingestellten Zickzackstich aufnähen und darauf achten, dass die Kanten gleichmäßig schön umschlossen und überdeckt werden. Zum Sichern der Naht keine Rückstiche nähen, sondern den Oberfaden auf die Rückseite ziehen und sorgfältig mit dem Unterfaden verknoten.

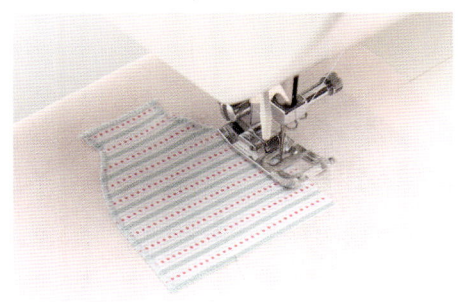

TUNNELZUG

Mit einem eingearbeiteten Tunnelzug lässt sich die Weite eines genähten Teiles schnell und praktisch auf eine gewünschte Breite zusammen- und wieder auseinanderschieben. Er kann z.B. an Beuteln auch als Verschluss dienen. Beim Zusammenziehen bildet der obere Rand dann eine hübsche Rüsche. Größere Stoffreste können prima zum Herstellen von Beuteln in verschiedenen Größen, Formen und Farben verwertet werden. Sie sind sehr nützlich zum Aufbewahren von allerlei Dingen und eignen sich auch als schöne Verpackung für Geschenke.
Ein Tunnelzug wird wie folgt gearbeitet:

1 Zuerst müssen die gewünschte Breite des Randes über dem Tunnelzug und die Breite des Tunnels selbst festgelegt werden. Die benötigte Stoffbreite kann dann wie folgt berechnet werden: Zweimal die Randbreite, zweimal die Tunnelbreite und 1 cm zusätzlich für den Einschlag addieren. Nun parallel zur Oberkante eine Linie im Abstand von 2 cm und eine weitere im Abstand der gesamten eben berechneten Breite anzeichnen. Zusätzlich eine weitere Linie mit kurzen Strichen im Abstand der Tunnelbreite über der zweiten Linie markieren.

Ein Beispiel: Der hier abgebildete Beutel hat eine fertige Randbreite von 4,5 cm und einen 1,5 cm breiten Tunnel. Der Tunnelzug benötigt also 13 cm Stoff. Die durchgezogenen Linien werden hier bei 2 cm und 13 cm, die kurzen Striche bei 11,5 cm gesetzt. Zwischen den letzten beiden Linien bleibt später der Tunnelzug offen.

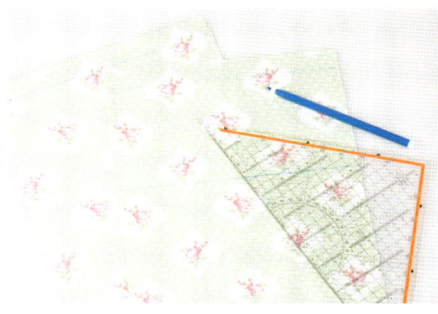

2 Nun alle Seitennähte bis auf die Tunnelöffnung schließen. Dann die obere Schnittkante zuerst 1 cm bis zur ersten Linie, dann nochmals bis zur zweiten durchgezogenen Linie nach links umbügeln und knappkantig feststeppen. Nun für den Tunnel eine Parallelnaht im Abstand der Tunnelbreite zur untersten Linie nach oben versetzt von rechts steppen.

3 Mit einer Sicherheits- oder Gummidurchziehnadel eine Kordel durch den Tunnelzug ziehen.

TIPP

Ein Beutel mit Tunnelzug kann in jeder beliebigen Größe mit einer Rand- bzw. Rüschenbreite nach Wunsch genäht werden. Dazu die Stoffbreite für den Tunnelzug wie beschrieben berechnen und die gewünschte Breite für den unteren Beutelteil hinzu addieren. Die Maße für Vorder- und Rückseite des Beutels auf den Stoff übertragen, Teile ausschneiden und zusammennähen.

AUFGESETZTE TASCHEN

Taschen sind nicht nur praktisch, sie können je nach Verarbeitung auch optische Akzente setzen. Eine Tasche aus einfacher Stofflage ist schnell genäht und macht Kleidungsstücke oder Wohnaccessoires noch dekorativer.

Eckige Tasche

1 Eine Tasche in der gewünschten Größe zuschneiden. Dabei an der Oberseite ca. 1,5-3 cm und an den übrigen Kanten 1 cm Nahtzugabe berücksichtigen. Die Schnittkanten rundherum versäubern. Die obere Zugabe nach rechts umlegen und an den seitlichen Stoffkanten mit 1 cm Nahtzugabe zusammennähen. Die Ecken schräg abschneiden.

2 Den oberen Teil der Tasche wenden und, falls gewünscht, die umgeschlagene obere Kante noch einmal von der Vorderseite absteppen. Die übrigen Zugaben nach links umlegen und festheften. Die fertige Tasche an der entsprechenden Stelle des Modells aufstecken, dabei die Oberkante für den Eingriff etwas locker lassen, sodass sie eine leichte Wölbung bildet. Dann festheften und schmalkantig aufsteppen.

Abgerundete Tasche

Eine abgerundete Tasche wird wie eine eckige Tasche gearbeitet. Um jedoch schöne Rundungen zu erhalten, sollte zunächst entsprechend dem Schnittmuster eine Taschenschablone ohne Zugaben aus dünner Pappe angefertigt werden. Die Tasche mit Nahtzugaben aus dem Stoff ausschneiden und die obere Kante wie beschrieben verarbeiten. Dann entlang der Rundungen dicht neben der Schnittkante jeweils lange Stiche (4-6 mm) steppen, dabei die Fäden nicht sichern. Nun die Schablone auf die linke Seite der Tasche legen. Die Unterfäden der Einkräuselnaht festhalten und die Nahtzugaben zusammenschieben, bis sie flach auf der Schablone liegen. Die Fäden verknoten und die Schablone entfernen. Die Tasche bügeln, dann an der entsprechenden Stelle aufstecken und festnähen.

TIPP
Aufgesetzte Taschen können auch verstürzt werden, was besonders für abgerundete Formen praktisch ist (siehe Seite 104). Dafür zwei gleich große Stoffteile mit Nahtzugaben zuschneiden. Teile rechts auf rechts bis auf eine Wendeöffnung an einer geraden Seite zusammennähen. Die Tasche wenden, bügeln und die Öffnung zunähen, dann an der gewünschten Stelle aufsteppen.

ABKÜRZUNGEN

r-a-r = rechts auf rechts
l-a-l = links auf links
NZG = Nahtzugabe

Tabletteinlage
Seite 36

Anstoßlinie/Umbruch

Topflappen
Seite 10
Vorlage 250% vergrößern

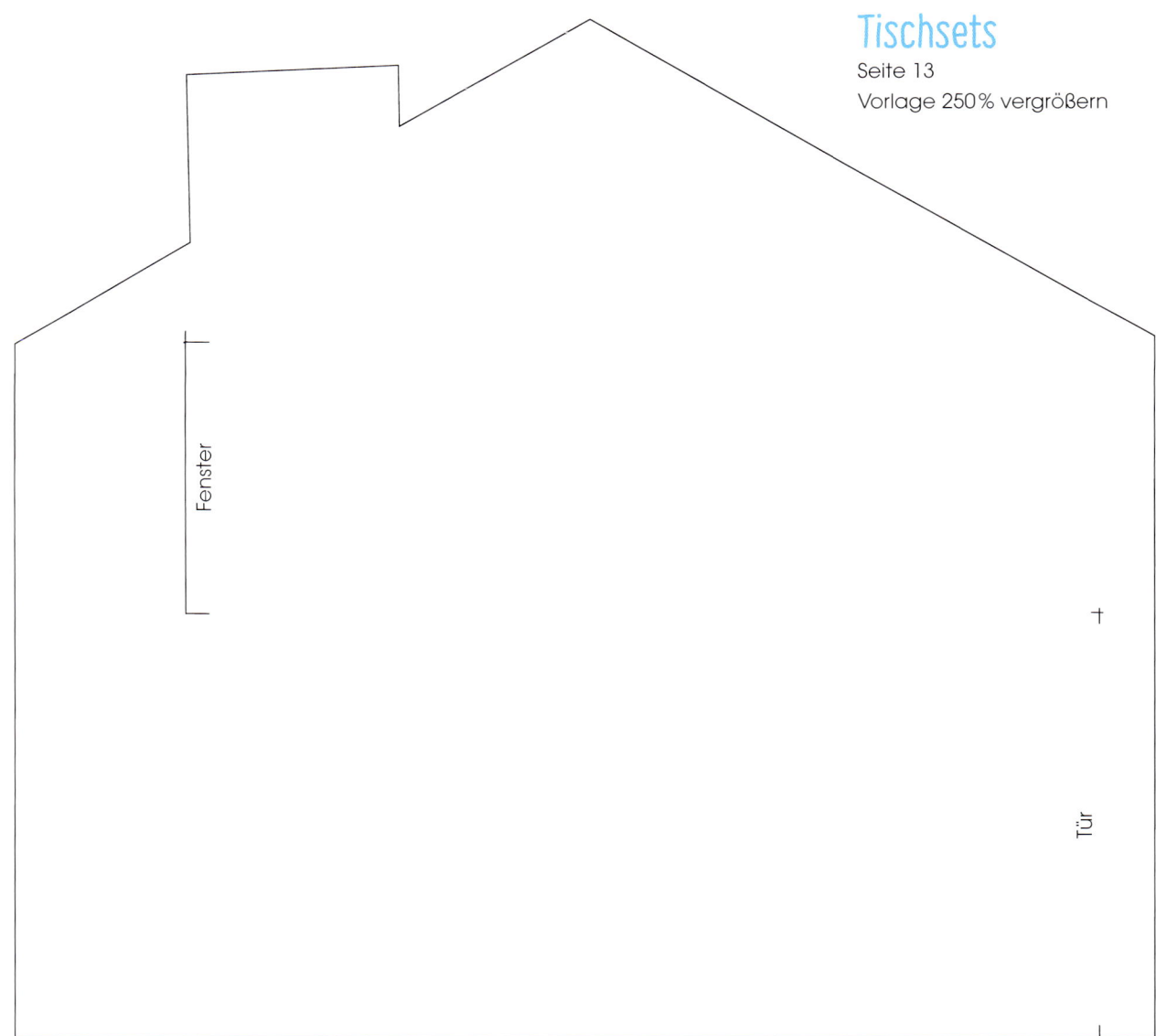

Seite 13

Vorlage 250% vergrößern

Fenster

Tür

Hülle für Kosmetiktücher

Seite 46

Vorlage 300 % vergrößern

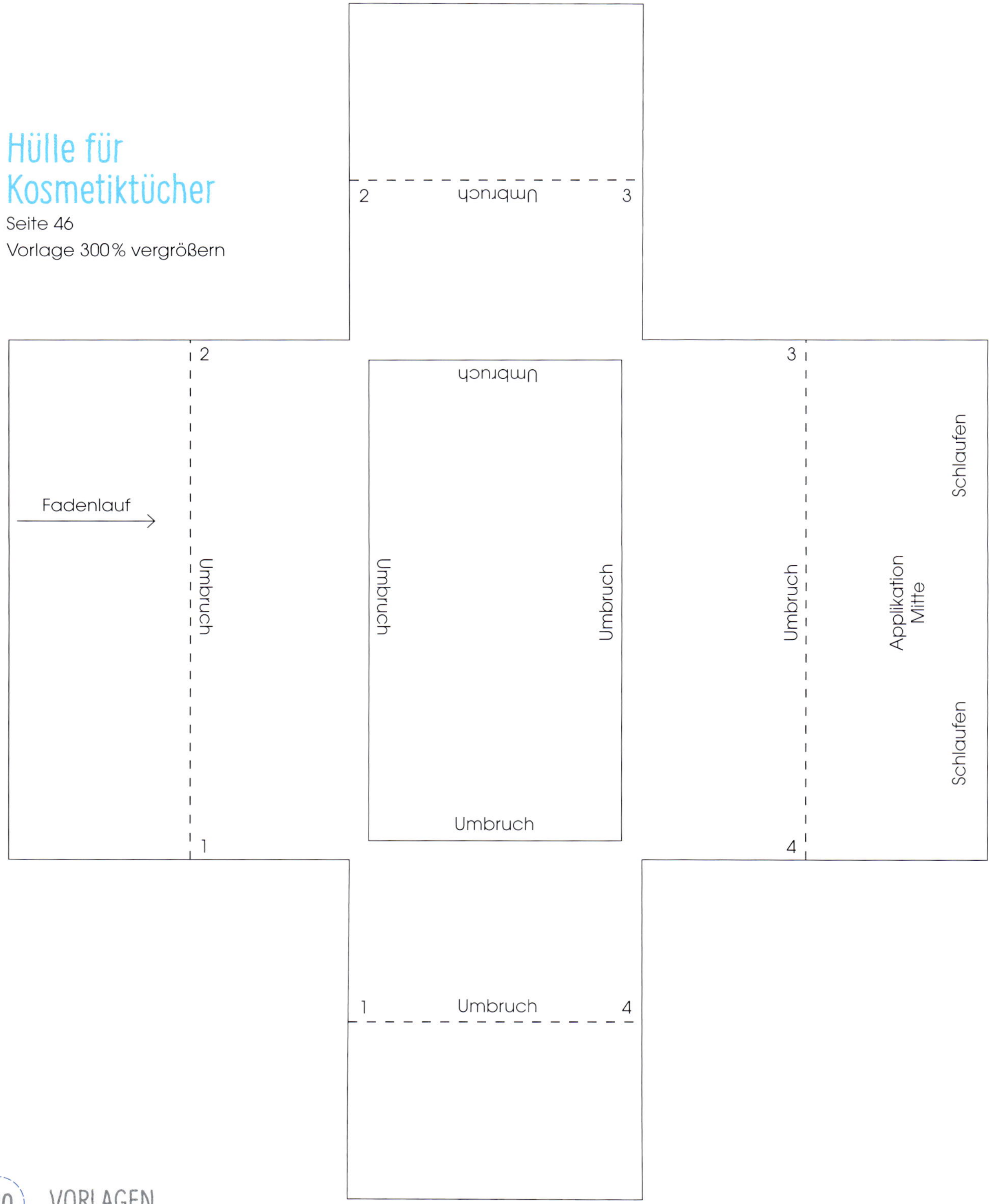

Umbruch

2 Umbruch 3

2 3

Fadenlauf →

Umbruch

Umbruch

Umbruch

Umbruch

Schlaufen

Applikation Mitte

Umbruch

1 4

Schlaufen

Umbruch

1 Umbruch 4

Wäschesammler
Seite 49

Nadja Knab-Leers lebt in der Nähe von Freiburg im Südschwarzwald. Von Haus aus Mode-Direktrice hat sie bald auch ihre Leidenschaft für andere Gestaltungsbereiche entdeckt. Sie entwirft Stoffdessins und entwickelt kreative Ideen zum Nachstylen, vor allem mit textilen, aber auch anderen Gestaltungsmedien, wie z. B. Perlen, Papier, Modelliermaterialien und vielen anderen. Ein anderer Schwerpunkt ihrer Arbeit ist das Styling bei Fotoshootings für Bücher und andere Printmedien. Inspiriert von dem Leitspruch „Design ist Poesie der Dinge", ist sie immer auf der Suche nach Farben, Formen und neuen Gestaltungselementen. In ihren Büchern, Workshops und anderen Printmedien möchte sie, nach dem Motto: „Mein Designerteil ist selbstgemacht", vor allem Freude am kreativen Gestalten vermitteln.

In diesem Buch zeigt sie, wie man Räume mit textilen Ideen verändern kann, sodass sie eine Eigenständigkeit, einen persönlichen Charakter erhalten. Kleine Dinge in Szene zu setzen macht Alltägliches zu etwas Besonderem und vermittelt Lebensfreude. Dieser Funke soll überspringen und Ihre Kreativität entzünden.

Hilfestellung zu allen Fragen, die Materialien und Kreativbücher betreffen: pFrau Erika Noll berät Sie. Rufen Sie an: 05052/911858*

*normale Telefongebühren

DANKE! Wir danken der Firma Gütermann für die Unterstützung bei diesem Buch: www.guetermann.com und auch der Firma Freudenberg Vliesstoffe KG, www.vlieseline.de

FOTOS: frechverlag GmbH, Turbinenstraße 7, 70499 Stuttgart; lichtpunkt GmbH, Michel Ruder

PRODUKTMANAGEMENT: Franziska Schmidt

LEKTORAT: no:vum, Susanne Noll, Hennef

LAYOUT: Petra Theilfarth

DRUCK UND BINDUNG: Livonia Print SIA, Lettland

1. Auflage 2016

© 2016 frechverlag GmbH, Turbinenstraße 7, 70499 Stuttgart

ISBN 978-3-7724-6447-8 • Best.-Nr. 6447